„Ob groß oder winzig klein, jeder
Garten ist ein uns anvertrautes
Stückchen Schöpfung."

Gerda Walton

Gerda Walton

Gartenträume

Inspirationen aus berühmten Gärten

avBUCH

Inhalt

Wer sich erinnert, reist zweimal ... 5
Gartenreisen ... 8
Erinnerungen für daheim ... 9

Orchideen in Singapur ... 10
Unglaubliche Farbenpracht ... 12
Die Nationalblume von Singapur ... 13
Ein Kühlschrank für Orchideen ... 14
Ein Orchideengarten am Fensterbrett ... 15

Kirstenbosch – im Reich der Protea ... 18
Eine Hecke aus Bittermandeln ... 20
Das artenreichste Florenreich ... 21
Pelargonien - Schätze aus Südafrika ... 24

Tulpen, Tulpen, Keukenhof ... 26
Ein Garten voller Frühling ... 28
Vom Tulpenfieber zur Tulpomanie ... 31
Tulpenparadies im eigenen Garten ... 32

Die Rosen von Elsing Hall ... 34
Ein parkähnliches Rosenrefugium ... 36
Ein Garten wie bei Dornröschen ... 38
So werden Sie selbst zur Rosenfee ... 40

Verlorene Gärten – Heligan ... 42
Die größten Rhododendren der Welt ... 44
Ein Dschungel mitten in Cornwall ... 46
Ein eigenes Garten-Wunderland ... 49

Sissinghurst – Vitas Gartenkunst ... 50
Die Farbe Purpur ... 52
Weltberühmt – der Weiße Garten ... 53
Ein Garten ganz in Weiß ... 56

Exbury – Rothschilds Rhododendren .. 58
Rothschilds Rhododendren ... 60
Walking down Lover's Lane ... 62
Verliebt in Rhododendren ... 64

Inverewe – Heide und Moor ... 66
Ein Geschenk des Golfstroms ... 68
Pflanzen aus aller Welt ... 69
Blauer Mohn – für eine Sternstunde ... 72

Derreen – irische Seele ... 74
Zauberwald im Elfenland ... 76
Feuchtes aus aller Welt ... 78
Little Oozy im eigenen Garten ... 80

Villa Taranto – Traum vom Süden ... 82
Garten eines Kenners und Könners ... 84
Baumpfingstrosen als Frühlingsattraktion ... 86
Baumpfingstrosen – ein Stück Tessin ... 87

Monte Palace auf Madeira ... 90
Ein Wald aus Baumfarnen und Clivien ... 92
Ein botanisches Klein-Südafrika ... 95
Madeira im Zimmer ... 96

Giverny – Gemalte Gartenkunst ... 98
Unvergängliche Gartenbilder ... 100
Üppig und einfach zugleich ... 102
Ein Garten à la Claude Monet ... 104

Loseley Park – für immer jung ... 106
Die Handschrift von Gertrude Jekyll ... 108
Exquisite Gartenräume ... 111
Von Gertrude Jekyll lernen ... 113

Anhang ... 114
Reisetipps ... 114
Literatur ... 120
Pflanzenregister ... 122

Wer sich erinnert, reist zweimal

Die philosophische Weisheit, dass man nicht zweimal in den gleichen Fluss steigen kann, gilt für vieles in unserem Leben und in besonderem Maße auch für den Besuch eines Gartens. Sinngemäß könnte man diesen Gedanken vielleicht so weiterspinnen, dass man den gleichen Garten nicht zweimal besuchen kann. Denn auch Gärten sind, so wie alles auf unserer Erde, dem konstanten Kreislauf von Werden und Vergehen unterworfen und verändern sich nicht nur von Jahreszeit zu Jahreszeit, sondern von Tag zu Tag – mit jeder zur Blume erblühten Knospe und mit jedem abgefallenen Blatt. So oft wir einen Garten auch besuchen mögen, er wird jedes Mal anders und nie mehr der gleiche sein.

So versuchen wir eben, mit den unzulänglichen Mitteln unseres Erinnerungsvermögens und der Fotografie den flüchtigen Zauber magischer Gartenmomente, an die man immer wieder gerne zurückdenkt, irgendwie festzuhalten und als bleibende, sehnsuchtsvolle Erinnerung zu bewahren.
Und manchmal gelingt es einem sogar, andere mitträumen zu lassen und auch in ihnen die Sehnsucht nach solchen wunderbaren Augenblicken voller Gartenglück wachzurufen, die einen selbst nicht mehr loslassen und immer wieder aus der eigenen Enge hinaustreiben in die zauberhaften Gärten dieser Welt.

Gerda Walton

Gartenliebe auf den ersten Blick

Was ist der Stoff, aus dem die Gartenträume sind? Wer vermag sie in wenigen Worten zu beschreiben? Und doch genügt manchmal ein einziges Bild, um uns tief zu berühren und einen Garten nicht mehr aus dem Kopf zu bekommen.
Einer der schönsten Wege zu uns selbst führt mitten durch den Garten. Wer sich mit offenem Herzen für die Schönheit der Natur auf die Suche nach diesem Weg aufmacht, der wird ihn finden, auch wenn die Gartenreise vielleicht nur blühende Fantasie ist und der Garten aus ein paar Töpfen und Kistchen auf dem eigenen Balkon besteht.

Gartenreisen

Gartenreisen oder ganz einfach der Besuch und die Beschäftigung mit schönen Gärten haben wohl viel mit der immer währenden Sehnsucht des Menschen nach einem Paradies zu tun, aus dem ihn niemand vertreiben kann. Und ganz gleich, wie groß oder klein ein Garten ist, ob weltberühmt und altbekannt oder vielleicht auch ganz zufällig in diesem Buch entdeckt, für seine intime Erkundung sollte man sich ausreichend Zeit nehmen, um ihn wie die genussreichen Nuancen eines köstlichen Weines auf der Zunge zergehen zu lassen.
Aus der entspannten Ruhe heraus, dem neugierigen Durchwandern und leserischen Kennenlernen werden einem aus jedem Winkel dieser zauberhaften Refugien Geschichte und Geschichten zugeflüstert, über lange Zurückliegendes, unwiderruflich Vergangenes, Gegenwärtiges. Und gerade diese, nach unserem Empfinden wie Sand zwischen den Fingern zerrinnende und für uns alle so kostbare Zeit ist es, die Gärten brauchen, um zu einzigartigen Wunderwerken heranzureifen, zu geheimnisvollen Orten, die vom Atem einer längst vergessenen Epoche durchströmt werden und in denen der Geist jener noch lebt, deren Namen mit diesen Gärten untrennbar für alle Zeiten verbunden ist.

Musik für die Augen

So unterschiedlich die in diesem Buch vorgestellten Gärten sein mögen, alle haben etwas gemeinsam:
Es sind Gärten mit besonderem Charakter, grüne Wunder unserer Zeit, die Spuren in den Herzen und Inspirationen in den Köpfen, oft aber auch in den Gärten ihrer Besucher hinterlassen. Als Musik für die

Einer der schönsten Wege zu uns selbst führt durch den Garten.

Augen könnte man sie wohl bezeichnen.
Dass in diesem Buch viele Gärten aus England vorgestellt werden, dürfte niemanden überraschen, gilt England doch zu Recht als die Gartennation in Europa. Vor allem die grandiosen, im Verlauf von Jahrhunderten herangewachsenen Rhododendron-Wälder sind einzigartig, leider aber auch von den in England häufiger werdenden Hitze- und Dürreperioden wie zuletzt im Jahr 2006, in ihrer Existenz bedroht.

Erinnerung für daheim

Der Mensch lernt bekanntlich so lange er lebt. Um von der Natur zu lernen, sollten wir viele Leben haben. Aber nirgendwo lernt man so genussvoll und nachhaltig, wie in einem und von einem schönen Garten. Es liegt in der Natur von uns Menschen, Erinnerungen festhalten und als Souvenir nach Hause mitnehmen zu wollen. Das gilt in besonderem Maße für das Rendezvous mit bestimmten Pflanzen, das man im eigenen Garten dauerhaft gestalten möchte. Nicht selten aber brauchen wir Souvenirs auch, damit die Reise gewissermaßen weitergeht und nicht viel zu schnell ein Ende nimmt.
Aber so, wie man die künstlerische Raffinesse eines Bildes erst in allen Facetten erkennt, wenn man es nachzumalen versucht, wird man auch erst beim mühsamen Versuch, eines der bewunderten gärtnerischen Highlights im eigenen Garten zu verwirklichen, die trügerische Leichtigkeit eindrucksvoller Gestaltungen erkennen.
Doch wie immer man seine Erinnerungen auch verarbeiten mag, eines sollte man dabei besser nicht aus den Augen verlieren:
Gartenreisen und Gartenbücher enden, Gartenarbeit jedoch nie!

Überall kann man sich Ideen für den eigenen Garten holen.

Orchideen in Singapur

Nur zwölf Flugstunden sind es, die europäische Touristen ins exotische Singapur und in die botanische Zauberwelt der Tropen versetzen. Für Orchideenliebhaber bedeuten sie jedoch einen gärtnerischen Quantensprung in Sachen ihrer Lieblingsblumen.

Dass ein Garten einfach atemberaubend sei, ist in emotionalen Beschreibungen häufiger zu lesen. Nirgendwo dürfte dieser Ausdruck so zutreffend sein, wie im berüchtigten Klima von Singapur mit seiner extrem hohen Luftfeuchtigkeit von rund 98% und den über 30 Grad Mittagshitze, die sich auch während der Nachtstunden nicht entscheidend abkühlt.
Dem an andere Temperaturen gewöhnten Mitteleuropäer entlockt das so manchen Schweißtropfen und verursacht gelegentlich auch ein Problem mit dem Kreislauf. Überraschend schnell gewöhnt man sich aber an die tropische Schwüle der „Löwenstadt", die eigentlich viel eher Stadt der Orchideen heißen sollte.

Unglaubliche Farbenpracht

Auch wenn man sich vorher über Singapur und seine Orchideengärten ausgiebig informiert hat, fällt es einem doch schwer, sich die unglaubliche Farbenpracht des Mandai-Gartens mit rund 60.000, großteils im Freien ausgepflanzten Orchideen vorzustellen. Die ersten zögerlichen Schritte hinein in den Garten der Superlative macht man durch eine Allee, gebildet aus zahlreichen, den Weg überspannenden Bögen, die dicht an dicht mit blühenden *Oncidien* verkleidet sind. Spätestens jetzt ist man dem Zauber dieses

Orientalische Prachtentfaltung zeigen die *Vandeen*.

Gartens unter Garantie verfallen. Im wohltuend kühlen, flirrenden Schatten hoher Kokospalmen ge-wöhnt sich das zuerst irritierte Auge langsam an das einfach überwältigende Bild der unzähligen, auf schlanken Stielen schwebenden, dottergelben Blüten. Dann lernt man allmählich, die in schwarz glänzende Holzkohlenstücke versenkten Orchideen zu unterscheiden, entdeckt Gruppen von lila und weißen *Dendrobien*, schwebenden Blütenwolken gleichend, und die ersten, auf Astgabelungen aufsitzenden *Cattleyen*, *Laelien* und *Vandeen* in einer noch nie gesehenen Farbintensivität.

Die Nationalblume von Singapur

Dass sich die Nationalblume von Singapur, die rosa *Vanda* 'Miss Joaquim', hier wohl fühlt, die 1893 von einer Dame gleichen Namens angeblich in ihrem Garten entdeckt wurde, liegt eigentlich auf der Hand. Nicht wenige Besucher dürften allerdings überrascht sein, dass sich die nationale Schönheit zuerst als meterhohes, besenartiges Gestrüpp präsentiert und erst irgendwo hoch über Augenhöhe mit eleganten rosa Blüten aufwartet. Die Natur steckt eben voller Wunder.

Vandeen, wohin man schaut

Ein wenig schweifen die Gedanken jetzt vielleicht ab zu der auf der heimatlichen Fensterbank zurückgebliebenen 'Blauen Vanda'. Man hätte sie eigentlich als blinden Passagier auf diese Reise mitnehmen und ganz einfach irgendwo zu ihren üppig blühenden Schwestern dazuhängen sollen. Wie würde sie die feuchte Hitze, unter der wir eher leiden, genießen. Denn hier gibt es *Vandeen* und Kreuzungen mit dieser exotischen Kostbarkeit wohin man schaut, vom dunklen Blau bis zum intensiven Rot, Gelb und Orange mit unzähligen Zwischentönen. Für unsere Augen

Vanda 'Miss Joaquim', die seltsame Nationalblume von Singapur.

vielleicht noch schöner als die in dieser Intensität in Europa eher unbekannten Farbstellungen ist die charmante, von der nicht weit entfernten Insel Java stammende *Vanda* tricolor, die aus der Nähe betrachtet mit der pastellfarbenen Farbkomposition ihrer zarten, aber unglaublich ausdrucksstarken, rosaweißen Blüten begeistert.

Wunderwelt der Orchideen

Niemand weiß genau, wann es die ersten Orchideen auf der Erde gab. Die Wissenschaft geht aber von rund 120 Millionen Jahren aus. Manche haben seitdem in ihrem Ausdehnungsdrang die Erde umrundet, andere veränderten kaum ihren Standort und sind in ihrem natürlichen Vorkommen auf kleinste Gebiete

Einst und jetzt

Der an der Mandai Road gelegene, heute ca. 10 ha große Orchideengarten verdankt seine Existenz dem Engländer John Laycock, der als Gründer der Orchideen-Gesellschaft für Südostasien im Jahr 1951 damit begann, seine eigene umfangreiche Sammlung hier auszustellen.
Viele der von ihm schon vor dem 2. Weltkrieg gesammelten Orchideen gingen während der Kriegsereignisse, von denen Singapur als damaliger Flottenstützpunkt stark betroffen war, verloren. Einige Exemplare seiner ursprünglichen Sammlung blieben aber erhalten und werden heute noch gepflegt. Inzwischen widmet man sich nicht nur der Zurschaustellung der schönsten Orchideenarten der Welt, sondern sehr wesentlich auch der Züchtung, Information und Schulung.

begrenzt. Unglaubliche 1.000 Gattungen mit 15.000 anerkannten Arten spannen einen Bogen von den Tropen bis zum Nordkap. Mit ihrer schier unendlichen Farben- und Formenvielfalt und der Eleganz ihrer kostbar-zarten Blüten haben sie sich in den letzten Jahren zu den beliebtesten Zimmerpflanzen weltweit entwickelt und dem züchterischen Ehrgeiz, der uns mit immer neuen, zunehmend pflegeleichten und widerstandsfähigen Kreuzungen beliefert, scheint noch lange kein Ende gesetzt zu sein. Die tropische 'Blaue Vanda' ist auf Grund ihrer prachtvollen Blüten attraktiver Blickfang aller europäischen Orchideenausstellungen, trotz züchterischer Bearbeitung aber noch immer nicht ganz pflegeleicht. Den Einstieg in die Welt der Orchideen macht man am besten mit einer *Phalaenopsis*.

Ein Kühlschrank für Orchideen

Während man in unseren Breitengraden wärmeliebende Orchideen vielfach in einem ganzjährig beheizten Tropenhaus mit schwülen Temperaturen pflegt, werden hier bestimmte Pflanzen, die aus den Bergregenwäldern dieser Erde stammen, in einem von Nebelschwaden durchzogenen Kühlhaus präsentiert. Inmitten einer aus großen Felsen sehr natürlich gestalteten Landschaft rauscht ein Gebirgsbach durch eine unglaublich vielseitig und „echt" wirkende Vegetation. Allein schon des für uns angenehmen Klimas wegen könnte man eine lange Zeit im „Cool House" verbringen, aber auch um zumindest einiges aus der Fülle der zum Teil nur winzig kleinen Pflanzen zu entdecken, die hier gepflegt werden. Terrestrische Orchideenkostbarkeiten, fleischfressende Pflanzen, *Aeschynanthus*, *Columneen*, vor Feuchtigkeit triefende Moosarten, aber auch riesige, auf Bäumen aufsitzende Nestfarne, Bromelien und ganze Polster von Tillandsien.

Gießen mit dem Feuerwehrschlauch

Richtig schweißtreibend wird es dann aber im Tan Hoon Siang Mist House, in dem man vielleicht gerade beobachten kann, auf welch unkomplizierte Art und Weise im Orchid Garden gegossen wird. Aus einem Feuerwehrschlauch, der sich in der Sonne aufgeheizt hat, wird warmes Wasser in einem dicken Strahl über die Pflanzen gespritzt. Wie in einer Waschküche von früher steigt schwüler Dampf vom Boden auf und überzieht Blätter und Blüten augenblicklich mit triefender Feuchtigkeit. Leider auch die Kamera, sodass einem, begleitet vom fröhlichen Gelächter der Gärtnerin, eigentlich nur die rasche Flucht übrigbleibt.

Orchideenpflege mit dem Feuerwehrschlauch.

Aber im Gegensatz zu uns fühlen sich die in dicken Polstern auf Baumästen aufsitzenden, vielfach epiphytisch wachsenden Orchideen bei dieser eher rauen Pflege sichtlich wohl. Man darf gar nicht daran denken, wie sorgsam wir darauf achten müssen, dass unsere Fensterbrett-Orchideen daheim nur ja kein Wasser ins Herz oder in den Übertopf bekommen.

Ein Orchideengarten am Fensterbrett

Besucher des Mandai-Gartens werden vermutlich gleich nach der Heimkehr ihr Glück auch einmal mit „exotischeren" Orchideen als der *Phalaenopsis* versuchen wollen. Kaum eine andere Pflanze eignet sich allerdings so hervorragend als Ganzjahres-Zimmerschmuck wie diese dauerblühende Orchidee, die einen Siegeszug ohne gleichen rund um die Welt angetreten hat. Als „Einsteigerorchidee", auch wenn sie manchen schon zu „alltäglich" geworden ist, kann man sie nach wie vor bestens empfehlen. Denn im Gegensatz zu ihr blühen die meisten Orchideen nur einmal, maximal zweimal im Jahr und machen dann längere, manchmal jahrelange Blühpausen.
Relativ gut in der Wohnung zu pflegen sind auch z. B. *Brassia*, *Coelogyne*, *Ludisia*, *Odontoglossum*, Frauenschuh (*Paphiopedilum*) oder *Phragmipedium besseae* und viele andere.

Einen Garten betritt man nicht nur mit den Füßen, sondern auch mit dem Herzen.

(Fernöstliche Weisheit)

Orchideenpflege

Der beste Standort für Orchideen in einer Wohnung ist fast immer das Küchenfester. Lassen Sie am Morgen den Wasserkessel ein bisschen dampfen, damit entbieten Sie Ihren Orchideen den schönsten Morgengruß! Gegossen wird je nach Raumtemperatur alle sieben bis zehn Tage, erst wenn der Topf federleicht geworden ist. Halten Sie ihn einige Sekunden unter das handwarme Vorlaufwasser Ihres Küchenbrunnens, bis das Substrat reichlich Feuchtigkeit aufgenommen hat. Topf einige Minuten abtropfen lassen, dabei schräg halten, damit sich kein Wasser im Herz der Pflanze sammeln kann.
Alle zwei bis drei Wochen nach Vorschrift düngen. Fensterbank-Orchideen lieben Spezialübertöpfe, die ihre Wurzeln gleichmäßig warm halten und vor Staunässe schützen.

Die berühmte 'Blaue Vanda' verzaubert auch in Singapur.

Sommerfrische für Orchideen

Viele Orchideen, außer der *Phalaenopsis*, die ganzjährig im Zimmer bleiben will, lieben einen sommerlichen Aufenthalt im Freien, am besten auf dem Balkon. Sie wollen dort allerdings keiner prallen Sonne ausgesetzt sein, weshalb man sie besser im Halbschatten auf den Boden stellt. Besonders achten muss man darauf, dass sie nach sommerlichen Gewitterregen keiner momentanen starken Sonnenbestrahlung ausgesetzt werden, da nasse Blätter in kürzester Zeit hässliche Brandflecken bekommen. Hängt man sie an Baumästen auf, muss man unbedingt darauf achten, dass es auf dem Baum keine Läuse usw. gibt. Am Boden sind Orchideen durch Schnecken bedroht.

Die im Winter prachtvoll blühende Kahnorchidee *(Cymbidium)* nimmt man erst kurz vor dem ersten Frost ins Haus. Nur wenn die Pflanze während des Sommers reichlich neue Triebe gemacht hat, wird sie zum Blühen kommen. Auch im Haus will sie eher kühl, vor allem aber sonnig stehen. Als einzige Orchidee möchte sie während des Sommers mit der Düngerdosis für Balkonblumen versorgt werden.

Alle anderen Orchideen erhalten während ihres Aufenthaltes im Freien Orchideendünger nach Vorschrift. Der Wasserbedarf einer Orchidee ist im Sommer sehr von der Temperatur abhängig.

Die Goldene Moschee gehört zur exotischen Skyline von Singapur.

Die ausdrucksvollen *Cattleya*-Blüten sind Wunderwerke der Natur.

Orchideen umtopfen

Wenn im Topf nur mehr Wurzeln ohne Substrat erkennbar sind, oder wenn sich das Substrat zu zersetzen beginnt, muss umgetopft werden. Verwenden Sie nur hochwertiges Orchideen-Pflanzsubstrat, je gröber die Wurzel, umso gröber das Substrat. Die populäre Phalaenopsis liebt z. B. grobe Borke. Wenn die Orchideen gesund sind, können Sie das beim Umsetzen anfallende alte, an Nährstoffen meist reiche Substrat zum Umtopfen von *Cymbidien* verwenden. Aber auch Moorbeetpflanzen wie Azaleen usw. sind im Frühling für eine Mulchschicht aus altem Orchideensubstrat dankbar. Beim Umsetzen sorgfältig darauf achten, dass die fleischigen Luftwurzeln nicht geknickt werden. Abgestorbene Wurzeln mit einer feinen Schere aus dem Wurzelgeflecht herausschneiden. Bei alten Stöcken in Überzahl vorhandene Luftwurzeln können zum Teil entfernt werden.

Ganz exotisch: heimische Orchideen

Gartenbesitzer können sich mit ein wenig Geduld mit Erdorchideen, deren Wurzelstöcke oder Knollen im Erdboden verankert sind, einen heimischen Orchideengarten anlegen. Viele davon stehen ihren exotischen Verwandten in puncto Schönheit in nichts nach und sind unserem Klima perfekt angepasst. Bei uns wild wachsende Orchideen unterliegen dem Naturschutz und dürfen nicht ausgegraben und in den Garten versetzt werden, wo sie im Übrigen nicht gedeihen würden. Auf Orchideenausstellungen oder bei Spezialisten findet man eine reiche Palette an geeigneten Freilandorchideen, wie *Cypripedium*-Hybriden oder Knabenkraut-Züchtungen (*Dactylorhiza*), die einen Orchideenliebhaber nur allzu leicht dazu verführen, es im Garten mit Freiland-Orchideen zu versuchen, die von Jahr zu Jahr mit größerer Blütenfülle überraschen. Halten Sie sich genau an die Pflanzvorschriften und geben Sie vor allem den gesamten Topfinhalt ins Pflanzloch, da die enthaltenen Mykorrhizapilze für das Gedeihen der Orchidee notwendig sind.

Begonnen hat alles im Jahr 1660 mit einer Hecke aus Bittermandeln, irgendwo in Afrika, am Fuß eines sehr ungewöhnlichen Berges, der seiner Form wegen unter dem Namen Tafelberg zu einem berühmten Wahrzeichen werden sollte.

Kirstenbosch – im Reich der Protea

Schon viel früher gab es dort bereits so etwas wie einen Garten, aber der hatte vermutlich noch keinen Zaun. Und man sagt ja, dass erst ein Zaun den Garten macht. Aber davon wussten die San, die kleinwüchsigen, braunhäutigen Buschmänner nichts, die für den Begriff „Eigentum" nicht einmal ein Wort besaßen. Sie hatten dieses Gebiet schon immer als das ihre betrachtet, bis es ihnen von Eindringlingen, die auf großen Schiffen über das Meer gekommen waren, weggenommen wurde. Außer ein paar mit durchlöcherten Steinen beschwerten Grabstöcken, die irgendwann einmal gefunden wurden, hinterließen sie keine dauerhaften Spuren auf dem Land am Fuße des imposanten Berges.

Eine Hecke aus Bittermandeln

Der von den profitorientierten Handelsherren der Ostindischen Kompagnie ausgesandte Siedler Jan van Riebeeck, der Gründer der Kapkolonie, war da von ganz anderer Mentalität. Er errichtete auf dem einstigen Buschmann-Land am Osthang des Tafelbergs ein kleines Fort und ließ von seinen Sklaven eine undurchdringliche Hecke aus Bittermandeln und Brombeeren errichten, der weder die Hitze noch die Trockenheit des südafrikanischen Sommers etwas anhaben konnten. Mit langen, spitzen Dornen sollte sie wilde Tiere wie auch wilde Eingeborene fernhalten.

Zwischen „lebenden Fossilien" spaziert man durch „The Dell".

Diese eigentlich eher unscheinbare Hecke aus Bittermandeln *(Brabejum stellatifolium)* gibt es in Kirstenbosch seltsamerweise noch immer. Und obwohl sich Südafrika seitdem dramatisch verändert hat, ist und bleibt sie ein Teil der Geschichte des Landes.

Einst und jetzt

Besitzer gab es in Kirstenbosch im Laufe der Jahrhunderte viele. Zuletzt war es der berühmte Cecil Rhodes, der das riesige Gelände, auf dem eine Schweinezucht betrieben wurde, nach seinem Tod im Jahr 1902 dem Volk vermachte. 1911 wurde der englische Professor Pearson, der an der Universität Kapstadt Botanik lehrte, mit der Aufgabe betraut, das Areal im Hinblick auf seine Tauglichkeit als Botanischer Garten zu überprüfen. In Folge übernahm er, angesichts der Tatsache, dass es keine Geldmittel dafür gab, ehrenamtlich die Leitung des Projektes. Er sah sich mit tausenden von Schweinen konfrontiert, Horden von wilden Affen, einem von Unkraut überwucherten ehemaligen Obstgarten und einem dichten Wald, dort, wo einmal die wunderbare Gartenanlage von Kirstenbosch erblühen sollte.

Der Beginn

Als erste Anlage entstand im „The Dell" genannten Gelände, in dem sich einst die Schweine in einem von einem Bächlein gespeisten Tümpel suhlten, eine exquisite Sammlung von Palmfarnen *(Cycas)*, die auf Grund ihres erdgeschichtlichen Alters als so genannte „lebende Fossilien" bezeichnet werden. Inzwischen

Leucadendron tinctum blüht zweihäusig.

haben sie eine beeindruckende Größe erreicht und faszinieren mit ihren seltsam fremdartigen Blüten und Fruchtständen. In Südafrika unterliegt der Palmfarn, so wie eigentlich alle wild wachsenden Pflanzen, dem äußerst strengen Naturschutz.

Das artenreichste Florenreich

Die im Eingangsbereich wachsenden riesigen Kampferbäum empfangen die Besucher als schattige Allee mit wohltuender Kühle und geleiten sie wie eine Ehrengarde in den Garten hinein. Unterpflanzt sind sie mit Unmengen von Clivien, die im Frühling wunderbar orangerot blühen. Sie lassen spontan ein „Gartenfeeling" aufkommen und schirmen das Paradies von Kirstenbosch von dem mit Problemen aller Art belasteten Alltag von Kapstadt und Südafrika ab. Selbst routinierten Botanikern öffnet sich nun eine schier unglaubliche, völlig andere botanische Dimension. Denn Kirstenbosch hat sich darauf spezialisiert, einzig den Pflanzenreichtum der berühmten Kap-Flora zu präsentieren, die sich in der Natur an der Südwestküste von Afrika bis hinauf zum Wüstengürtel der Karoo und der Namib erstreckt. Eine anspruchsvolle Aufgabe, da es sich dabei um das zwar kleinste, an Arten aber trotzdem unglaublich vielfältiges Florenreich unserer Erde handelt. Von den 9.000 Arten sind 70 % endemisch, d.h. sie kommen ausschließlich in Südafrika vor.

Trotzdem begegnet man allenthalben überraschenderweise sehr guten Bekannten, wie der Calla, Strelitzien, Gazanien, der Bleiwurz, der Afrikanischen Liebesblume und vor allem natürlich den wilden Pelargonien, den Stammmüttern unserer Balkonblumen. Aber nur wenige europäische Besucher dürften wissen, dass ihre als Kübelpflanzen bei uns eingebürgerten Balkonlieblinge ihren Ursprung im für uns so fernen Südafrika haben.

Die prachtvolle Königsprotea öffnet ihre Blütenschalen.

Die Wunderwelt der Proteen

Durch ein rund 36 ha großes Gelände im unteren Bereich des Gartens winden sich bequeme Fußwege durch die verschiedensten Gartenbereiche. Um die Blüte der einfach atemberaubenden und vermutlich weltweit einzigartigen Sammlung von Silberbaumgewächsen, besser bekannt wohl als *Proteen*, zu erleben, sollte man von September bis Jänner ans Kap der Guten Hoffnung kommen. Dem Laien noch am ehesten bekannt sind wohl *Protea cynaroides*, die Wappenblume Südafrikas, oder die Nadelkissen-Protea *(Leucospermum cordifolium)*, die beide in Europa als haltbare Schnittblumen gehandelt werden. Aber angesichts der Fülle von bizarren Blüten der *Leucospermum*- und *Leucadendron*-Spezies beschließt man spontan, sich über nichts mehr zu wundern und einfach nur mehr darüber zu freuen, dass man hier sein und das alles erleben darf.

Geheimnisvolle *Protea*

Seit ihrer Entdeckung durch die ersten Siedler Südafrikas wurden der zur Familie der Silberbaumgewächse zählenden *Protea*, von der es rund 83 Arten gibt, viele Namen verliehen: Zuckerbusch, Schimmerbaum, Kaprose, Wunderfichte. Geblieben ist ihr aber eigentlich nur der auf den griechischen Gott Proteus zurückgehende Name, unter dem sie bei uns vorzugsweise um die Weihnachtszeit herum als lange haltbares Highlight in Blumengestecken beliebt ist. In unseren Breiten eignet sie sich, da sie keinen Frost verträgt, leider nur als eher delikate Wintergartenbewohnerin. Für ihre Vermehrung hat sich die Natur in Form des so genannten Feuerökosystems etwas ganz besonderes einfallen lassen, da die harten Samenhüllen nur bei Buschbränden ihren Inhalt freigeben. Um den Samen zum Keimen zu bringen, muss man der Aussaaterde etwas Asche beimengen, weshalb man in Südafrika beim Kauf von *Protea*-Samen immer auch ein Säckchen Asche dazubekommt.

Wilde *Proteen* wuchern vor der Kulisse des Tafelbergs.

Das bezaubernde Everlasting wendet sich der Sonne zu.

Die Welt des Fynbos

Auf dem Fynbos-Walk, der zum höchsten Punkt des „gezähmten" Gartens hinauf führt und eine fantastische Aussicht zum Tafelberg und bis ins nahe liegende Kapstadt gewährt, wird die berühmte ursprüngliche Vegetation Südafrikas gezeigt.
Nur dem aufmerksamen Besucher offenbart sich der „Feine Busch" allerdings in seiner unglaublich zweckmäßigen und der Natur angepassten Eigenart, mit der er sich an der Südspitze von Afrika mit Erfolg behaupten konnte. Das rosarote Everlasting *(Edmondia sesamoides)* wirkt darin wie der Tupfen auf dem i und bringt mit den blühenden Wildpelargonien Farbe und Wärme in die ansonsten unglaublich subtilen, aber eher kühl wirkenden Farbabstufungen von Silbern über Grau und Grünlich bis Braun. Auch die unscheinbare Rooibus-Teepflanze (*Aspalathus linearis*) findet sich hier, die in Südafrika am Fuß der Cedar-Berge angebaut wird und gesundheitsfördernde Bestandteile enthält.
Entlang eines kristallklaren Bächleins wuchern mannshoher Schachtelhalm und Callas mit kräftigen Blättern und schneeweißen Blüten, während sich auf einem aufgestauten kleinen Teich die „Waterblommetjies" üppig ausbreiten, deren Samenstände in Südafrika eine begehrte Delikatesse darstellen. Unter Botanikern sind sie vielleicht besser als *Aponogeton distachyos* bekannt. Strelitzien der unterschiedlichsten Arten, bei uns auch als Paradiesvogelblumen bekannt, säumen die Wege und man hat eine gute Gelegenheit, den unglaublichen Einfallsreichtum der Natur zu

bestaunen. Sie hat dieser Pflanzengattung je nach Standort unterschiedlich breite Blätter wachsen lassen, wobei auf sehr trockenen Plätzen die Blätter fast nur mehr binsenartig ausgebildet sind, um die Verdunstung so gering wie möglich zu halten, während die Natal-Strelitzie *(Strelitzia nicolai)* fast baumhoch wird und exquisite schwarz-weiße Blüten hervorbringt.

Die baumhohe Natal-Strelitzie blüht in apartem Schwarz-Weiß.

Pelargonien – Schätze aus Südafrika

Ein Balkonsommer ohne die Schönen aus Südafrika, die ihre Abstammung trotz aller züchterischen Bearbeitung nicht verstecken können, ist bei uns nur schwer vorstellbar, obwohl in jedem Frühling neue gärtnerische Attraktionen als Konkurrenz für die inzwischen als Fenster- und Balkonschmuck geradezu „klassischen" Pelargonien auf den Markt drängen. Aber wenn es sich um einen heißen Standort handelt, dann läuft der an Trockenheit angepassten Südafrikanerin so schnell keine andere Pflanze den Rang ab. Da fühlt sie sich so richtig in ihrem Element und eigentlich kann es ihr gar nicht heiß genug hergehen.

Pelargonien oder Geranien?

Außer der Zugehörigkeit zur Familie der Storchschnabelgewächse haben die beiden, die umgangssprachlich häufig für Verwechslungen sorgen, eigentlich nichts gemeinsam. Der lateinische Familiename *Geraniaceae* dürfte wohl daran Schuld tragen. Im 17. Jahrhundert wurde die Pelargonie auch tatsächlich noch als Geranium nach Europa importiert, aber bereits 1789 der Gattung Pelargonium zugeordnet. Wenn Sie Lust auf „Wildes" auf Ihrem Balkon oder auf der Fensterbank haben, dann achten Sie beim Kauf auf verschiedenfarbige Blüten. Wildformen tragen immer Blüten, bei denen sich die oberen beiden Blütenblätter von den unteren farblich unterscheiden.

Mit dem Gartentor öffnen wir den Blick in eine Welt, die manchen für immer verborgen bleibt.

Duftpelargonien

Wenn Sie nur wenig Zeit für Ihren Balkonschmuck aufbringen können, versuchen Sie es doch einmal mit Duftpelargonien, die noch einen Hauch von Wildnis in sich tragen, z. B. mit der Zitronenpelargonie *(Pelargonium graveolens)*, die man im Mittelmeerraum inzwischen allerorts frei ausgepflanzt als kräftigen Strauch bewundern kann. Man hält sie am besten einzeln im Topf, was die Überwinterung sehr erleichtert. Viele haben attraktives Laub, panaschiert oder samtweich und mit silberweißen, weichen Härchen überzogen. Ihren Duft geben sie allerdings erst frei, wenn man ein Blatt zwischen den Fingern zerreibt, aber dann ist die Luft erfüllt von Apfel-, Himbeer-, Zimt-, Zitronen- und Moschusdüften, von denen Mücken übrigens gar nicht angetan sind.

Pelargonien gibt es mittlerweile in unglaublich vielen Variationen, manche ganz winzig, andere wieder von so kräftigem Wuchs, dass man damit Hecken gestaltet. Die größten Blüten haben Edelpelargonien (vorwiegend von *P. cucullatum* und *P. grandiflorum* abstammend, auch „englische Pelargonien" genannt), die ganzjährig im Zimmer auf einem sonnigen Fensterbrett bleiben, kräftig gedüngt werden müssen und sich im Winter um die 15 Grad wünschen. Auch auf dem kleinsten Balkon, so er sonnig genug ist, kann man sich mit einer Pelargonien-Sammlung einen blütenreichen Sommer gestalten, der fast nichts kostet.

Gesunde Hängepelargonien *(Pelargonium peltatum – Hybriden)* können im Blumenkistchen kühl überwintert werden und wachsen dann im nächsten Kulturjahr bis auf eine Länge von gut einem Meter. Wer beim Blumenschmuckwettbewerb mit seinen Pelargonien auftrumpfen möchte, muss sie im Sommer unbedingt vor länger anhaltendem Regen schützen.

Denn bei aller sonstigen Toleranz, ihre Abneigung gegen nasse Füße hat die Stammmutter aller Pelargonien ihren Nachkommen kontinuierlich weitervererbt. Es genügen schon zwei kühle Regentage, um die empfindlichen Haarwurzeln zum Absterben zu bringen und dann beginnt das bekannte Problem mit den gelben Blättern, das unroutinierte Gärtner durch noch mehr Wasser zu bekämpfen versuchen. Dabei kann die sonnenverwöhnte Pelargonie Trockenheit bis zur Welke, die übrigens nicht so schnell eintritt, viel eher vertragen als Staunässe im Balkonkistchen.

Die wilden Pelargonien sind die Stammeltern unserer Balkonarten.

Tipp

Wenn die Pelargonien einmal extrem trocken geworden sind, nicht sofort Unmengen von Wasser in die Kistchen schütten, sondern nach und nach wohldosiert, da die Pflanzen sonst einen Schock bekommen.

Tulpen, Tulpen, Keukenhof

Es ist schon eine stattliche Anzahl von Blumenbegeisterten, die im niederländischen Lisse alljährlich den Keukenhof erstürmt. Anders kann man es kaum bezeichnen, wenn in acht Wochen hunderttausende Menschen einen Garten besichtigen wollen.

Können so viele Menschen einen Garten, der sich selbst als schönster Frühlingsgarten der Welt bewirbt, wirklich noch als solchen erleben, oder tritt man sich nur mehr ohne Unterlass gegenseitig auf die Füße? Auf den riesigen Parkplätzen überkommt vermutlich nicht Wenige angesichts der endlosen Autoreihen heftiger Zweifel, ob man nicht besser an einem anderen Tag gekommen wäre. Introvertierte Gartenbesucher werden angesichts der hektischen Betriebsamkeit am Haupteingang und vor allem wegen der Musikkulisse der weithin über die Menschenköpfe schallenden holländischen Drehorgel vielleicht sogar über eine rasche Flucht im letzten Augenblick nachdenken.

Ein Garten voller Frühling

Halten Sie durch, es ist gleich geschafft! Nur wenige Schritte in den Garten hinein, und ein kleiner Hügel hat all das verschluckt, was Empfindsame eben noch so heftig gepeinigt hat, der „normale" Mensch von heute aber offensichtlich zum wahren Gartengenuss ganz einfach dazu braucht. Es kommt ja möglicherweise auch nicht jeder einzig und allein der Tulpen wegen in den Keukenhof.

Ganz früh am Tag, gleich wenn sich die Tore geöffnet

Die Tulpenbeete unterstreichen die sanften Hügelformen.

haben, gehört einem dieser wunderbare, riesengroße Keukenhof mit seinen Abertausenden von Tulpen, Narzissen, Hyazinthen und vielen anderen Zwiebelgewächsen fast ganz alleine. Ein paar Amseln gehen schnell noch auf Regenwurmsuche, so lange sie vor den Besuchern sicher sind, und zerkratzen dabei respektlos die sorgsam gepflegten, wie auf dem Reißbrett geplanten Blumenbeete, in deren makelloser Erde der Stolz der niederländischen Zwiebelzüchter seit dem vergangenen Herbst wohlbehütet in den Startlöchern liegt. Der Holzschuhmacher, bei dem gleich die duftenden, frischen Holzspäne nur so herumfliegen und die Besucher Schlange stehen werden, beginnt gerade seinen Stand herzurichten, die riesigen Ausstellungshallen sind noch menschenleer. Eine gute Gelegenheit dabei zuzuschauen, wie die prachtvollen Gestecke den letzten Schliff erhalten und dabei den einen oder anderen Trick zu hinterfragen. Denn wenig später ist vom Innenleben eines solchen pompösen Arrangements aus unzähligen herrlichen Amaryllisblüten oder was immer gerade Verwendung findet, rein gar nichts mehr zu erkennen. Was zählt, ist nur mehr die prächtige Fassade.

Millionen von Tulpen präsentieren sich in absoluter Perfektion.

Ein Garten wie am Reißbrett

Der morgendliche Tau perlt von den sich langsam öffnenden Knospen ab und bleibt als glitzerndes Juwel auf den weit geöffneten Blüten liegen, für die der heutige Tag wohl der letzte ist. Denn bald schon werden die Gärtner mit großen Körben kommen und unbarmherzig ihre Köpfe abschneiden, damit nur ja kein abgefallenes Blütenblatt die absolute Perfektion der weitläufigen Anlage stört. Auch im Keukenhof vergeht die Schönheit der Tulpen leider nur allzu rasch.

Und perfekt ist er wirklich, dieser Prestigegarten der niederländischen Zwiebelzüchter. Da steht alles straff in Reih und Glied, farblich passend und in der Höhe harmonisch abgestuft wie Tänzerinnen eines Balletts. Kein einziger Tulpenstiel getraut sich aus der verordneten strengen Zucht und Ordnung der Gärtner und Gartenarchitekten auszubrechen und womöglich gar ein bisschen krumm zu stehen. Gelegentlich erlauben die Gartenarchitekten da und dort einen kleinen Schwung, aber eher nur, wenn es das Gelände so verlangt, denn normalerweise herrschen gerade Linien und klare Konturen vor. Feng Shui-Anhänger werden damit vielleicht ein kleines Problem haben und finden, dass durch die zumeist strenge Gestaltung die Energieströme zu rasch fließen. Aber das gleichen die meisten Besucher durch häufige Stopps in einer der vielen Verpflegungsstationen aus.

Am schönsten ist wohl nach wie vor der älteste Teil des Parks mit seinem leicht hügeligen Gelände, den hochstämmigen Laubbäumen, die gerade in frisches Frühlingsgrün ausbrechen und den elegant geschwungenen Wasserläufen und Teichen, an denen sich besonders pastellfarbige Tulpen ganz wunderbar

Tipp
Im „Hortus bulborum“ bei Leiden werden hunderte Naturformen und alte Tulpenarten als Genbank für künftige Züchtungen kultiviert und können dort besichtigt werden.

ausnehmen. Da muss man sich manchmal fast ein bisschen zwicken, weil man sich wie in einem wunderschönen Frühlingstraum fühlt.
Die alte Windmühle, die mit ihren riesigen Flügeln lange Jahre im Einsatz war, um das Land zu entwässern, wie es in den Niederlanden immer schon im harten Überlebenskampf gegen die Nordsee notwendig war, steht nun still und dient inmitten eines Meers aus blitzblauen Traubenhyazinthen nur mehr als malerische Fotokulisse für die Touristen.

Ab und zu fällt im Keukenhof auch jemand ins Wasser.

Die schöne Tulipa

Die Wildformen der heutigen Gartentulpe stammen aus Asien und gelangten um 1554 nach Europa. Heute kennt man rund 100 Tulpenarten. Die meisten unserer Gartentulpen sind Zuchtformen, von denen es Tausende gibt, die alljährlich durch neue Züchtungserfolge bereichert werden.
Im Garten könnte man grundsätzlich zwischen hohen und niedrigen Tulpen, ebenso aber auch nach der Blütezeit oder Blütenform unterscheiden, die glatte, oder wie bei den Papageientulpen, gefranste Ränder aufweisen kann. Die meist sehr früh blühenden, anspruchslosen Wildtulpen haben als bezaubernder Gartenschmuck in den letzten Jahren eine bemerkenswerte Karriere erlebt, ebenso auch die spät blühenden 'Viridiflora'-Tulpen, deren Blüten grün geflammt sind.

Einst und jetzt

Der größte Teil des riesigen Parks, der ehemals Jagdgelände und Sammelgebiet von Kräutern für die Schlossküche der Jakoba von Bayern war, die im 15. Jahrhundert hier lebte und deren einstiges Refugium dem Garten den Namen gab, ist so flach, wie die Niederlande eben sind. Bis er zur heutigen Stiftung wurde, ging der Besitz durch die Hände vieler reicher Kaufmannsfamilien. Im Jahr 1949 wurde auf Initiative des damaligen Bürgermeisters von Lisse und führender Blumenzwiebelzüchter im Freigelände die erste Blumenausstellung organisiert.
2007 ist bereits die 58. Saison für den inzwischen weltweit berühmten Keukenhof, für den einige Umbauten geplant sind.

Niemand kann dieser Leuchtkraft widerstehen!

Vom Tulpenfieber zur Tulpomanie

Nur wenige Besucher dürften sich ob all dieser unglaublichen Fülle an Tulpen allerdings an jene verrückte Zeit des so genannten „Tulpenfiebers" erinnern, in der die Tulpe, aus dem Osmanenreich kommend, ihren Einzug in den Niederlanden hielt und als unbezahlbare Kostbarkeit galt. Schlägt man im Lexikon unter diesem Stichwort nach, wird man zwar lesen können, dass das Tulpenfieber bereits im 18. Jahrhundert wieder abgeflaut sei, nachdem sich genügend Spekulanten an der eigentlich recht harmlos aussehenden braunen Zwiebel die Finger gründlich verbrannt hatten. Aber so ganz richtig kann das nicht sein. Denn die Tulpomanie, wie die „Krankheit" auch bezeichnet wurde, dürfte nämlich nach wie vor ziemlich weit verbreitet und sogar ansteckend sein. Sie grassiert speziell unter Keukenhof-Besuchern und äußert sich heute darin, dass man bei den Verkaufsständen außerhalb des Parks noch im Mai Tulpenzwiebel ersteht, die eigentlich bereits im Herbst hätten gesetzt werden müssen und dementsprechend schrumpelig aussehen. Wer sich nach einigen Stunden Keukenhof gegen den Tulpenvirus

Nimm Dir Zeit für Blumen,
sie sind Vitamine für die Seele.

Mit Tulpen kann man ganze Flächen gestalten.

Wie ein Bach fließen die Traubenhyazinthen um den Baum.

tatsächlich als resistent erweist und vom spontan auftretenden Tulpenkaufzwang nicht befallen wird, was allerdings höchst selten vorkommt, kauft sich stattdessen garantiert ein paar echt holländische Holzschuhe, mit denen man keinen Meter weit gehen kann. Aber was macht das schon, was zählt, ist schließlich die Erinnerung.

Tulpenparadies im eigenen Garten

Dass ein Besuch im Keukenhof zum eigenen Gestalten mit Tulpen verführt, ist natürlich pure Absicht. Kaum eine andere Frühlingsblume vermag unsere Gärten schließlich im Frühling so nachhaltig zu beleben, sodass wir uns recht gerne zu ihrer reichlichen Verwendung inspirieren lassen.

Eine Tulpenparade sollte bereits im Herbst geplant und gepflanzt werden. Setzen Sie abwechselnd Gruppen von hohen und niedrigen Tulpen und achten Sie beim Kauf auf die unterschiedlichen Blühzeiten. Wenn Sie nur wenig Platz zur Verfügung haben, können Sie Tulpen in verschiedenen „Etagen" auspflanzen, damit sie sich gegenseitig nicht behindern. Pflanzen Sie Tulpen immer in Gruppen von mindestens 5 Stück. Die hübschen Steingarten- und Wildtulpenarten setzt man in den Vordergrund des Beetes, sie blühen besonders früh im Jahr.

Werden Tulpen tief genug gesetzt, kann man sie das ganze Jahr über im Staudenbeet belassen, sie sollten dann aber Nachbarn bekommen, die das beim Einziehen rasch unansehnlich werdende Laub verdecken. Tulpen lieben einen leichten Boden und vertragen keine Staunässe.

Tulpenparade nach Keukenhof-Art

Stechen Sie im Herbst aus Ihrem Rasen da und dort Quadrate von mindestens 1 m Seitenlänge aus und deponieren Sie die herausgenommenen Rasenstücke an einer unauffälligen Stelle im Garten. Zusätzlich noch etwas Erde ausheben, mit Kompost mischen und wieder einfüllen. Zur Bepflanzung benötigen Sie pro Quadratmeter 36 Tulpen der gleichen Sorte. Je nach Größe Ihres Gartens können Sie beliebig viele Quadrate anlegen, parallel zueinander, aber auch rautenförmig, ganz nach Geschmack. Während Sie arbeiten, umgeben Sie die Beetränder am besten mit einem Brett, damit der Rasen unbeschädigt bleibt.
Nach der Blüte werden die Tulpenzwiebeln aus der Erde genommen und in einer Kiste im Schatten zum Nachreifen aufgestellt. Die deponierten Rasenziegel werden wieder eingesetzt, mit Komposterde bestreut und gut eingegossen. Sie wachsen sofort wieder an.

Gefranste Tulpen sind besonders attraktiv.

Ein Bachlauf aus Blumenzwiebeln

Eine Frühlingsattraktion ohnegleichen für Ihren Garten gestalten Sie mit einem Bachlauf aus blauen Traubenhyazinthen. So ein Bächlein aus Tausenden von blauen Blütchen eignet sich für große und kleine Gärten. Damit es sich auch ohne Wasser optisch ergießt und nicht nur tröpfelt, sollte vor der Bepflanzung ein kleiner Hügel aufgeschüttet werden. Mit großen Steinen oder bemoosten, dicken Baumästen kann man zusätzlich Struktur schaffen.
Um den Eindruck von Wasser zu erzielen, müssen die Zwiebelchen der Traubenhyazinthen *(Muscari racemosum)* oder auch des Blausterns *(Scilla sibirica)* im Herbst recht dicht gesetzt werden. Pflanzen Sie mindestens 15 cm tief, dann können Sie das bald nach der Blüte einziehende, unschöne Laub durch eine Überpflanzung aus Vergissmeinnicht verdecken. Die Traubenhyazinthen vermehren sich rasch und der Bachlauf hält sich über viele Jahre. Kleinblättriger Efeu wächst praktisch von selbst formschön dazwischen und muss nur gelegentlich mit der Schere etwas in seinem Ausdehnungsdrang gebremst werden. Für eine blaue Nachbepflanzung würden sich auch niedrige Glockenblumen z. B. *Campanula portenschlagiana* eignen.

Die Rosen von Elsing Hall

Über manchen Gärten muss ganz einfach eine gute Fee schweben, man sieht es ihnen auf den ersten Blick an. Sie sind irgendwie anders. „Zauberhafter“ könnte man es vermutlich nennen, so man natürlich für Gartenfeen generell etwas übrig hat.

Aber bekanntlich haben Feen nach alter Tradition ja auch einen Zauberstab, manche nennen ihn völlig unromantisch ganz einfach grünen Daumen, der alles, was sie damit berühren, zum Blühen und Gedeihen bringt. Doch so ganz scheint das Gärtnern mit dem Zauberstab in unseren Tagen nicht mehr zu funktionieren, denn Shirley Cargill, die Rosen-Fee von Elsing Hall im englischen Norfolk, hat verdächtig raue Hände, denen man ansieht, dass sich das bisschen Garten nicht von alleine macht. Und manchmal, wenn sie sich ganz unbeobachtet fühlt, auch ein ziemlich müdes Gesicht.

Ein parkähnliches Rosenrefugium

Schließlich ist ihr berühmtes Rosenrefugium, das sie nur mit Hilfe einer Gärtnerin aus dem nahen Dorf pflegt, ganz schön groß. Und auch sie kommt, so wie ihr vom unbeschreiblichen Duft unzähliger Rosen erfüllter Garten, allmählich in die Jahre.
Doch wenn sie ihre zahlreichen Besucher durch ihr paradiesisches Rosenreich führt und von ihren Lieblingen zu erzählen beginnt, woher sie stammen, wie

Das uralte Fachwerkhaus wird von Kletterrosen überwuchert.

sie zu ihr gekommen sind und welche Eigenheiten sie haben, während sie liebevoll mit sanften Feen-Händen da und dort eine Rosenblüte streichelt, freche, hellgrüne Blattläuse von zarten Knospen verjagt oder Verwelktes abzupft, dann wirkt sie plötzlich wieder ganz jung und entspannt.

Aus Schlamm wurden Rosen

Wie einem Märchen entstiegen liegt das mittelalterliche „moated house" auf einer kleinen Insel inmitten eines einst als Schutz für eine Burg angelegten breiten Wassergrabens, auf dem sich die unterschiedlichsten Wasserpflanzen üppig ausbreiten. Tonnen von Schlamm, die sich im Laufe der Jahrhunderte dort angesammelt hatten, wurden von den Cargills vor rund zwanzig Jahren, nach der Übernahme des damals urwaldähnlichen Parks, aus dem versumpften Graben entfernt und im Garten verteilt, damit sich das historische Haus wieder dekorativ in einer freien Wasserfläche spiegeln konnte. Dieser Schlamm war vermutlich die Grundlage für das unbeschreiblich üppige Wachstum ihrer Rosenschönheiten. Shirley Cargill sammelt seit über 40 Jahren Rosen und so manche Rarität ihrer umfangreichen Sammlung hat sie noch aus ihrem viel kleineren, alten Garten übersiedelt, so wie „normale" Menschen beim Umzug ihre Möbel oder das Klavier mitnehmen.

Shirley Cargill hat ihren eigenen Gartenstil entwickelt.

Einst und jetzt

Bevor man zur Gartenbesichtigung aufbricht, und die kann lange dauern, lässt man sich am besten von David Cargill am Kamin der großen „Hall" die interessante Geschichte des um 1470 erbauten historischen Hauses erzählen, das bis zur Reformation unter Heinrich VIII. unter anderem auch eine Abtei beherbergte. Vom eingemauerten Mönch zum Beispiel weiß er anschaulich zu berichten, der ab und zu immer noch als freundliches Hausgespenst spukt, und von so manchem anderen mehr oder weniger historischen Geschehen.

Romantik wird groß geschrieben

Der weitläufige Garten hat noch immer etwas Wildes und unglaublich Romantisches an sich und die uralten Baumriesen, in die sich vorwiegend weiße Rambler-

Die rote Austin-Rose „William Shakespeare“ verströmt einen köstlichen Duft.

rosen bis in die höchsten Kronen emporgearbeitet haben, tragen viel zu diesem Eindruck bei.
Überhaupt hat Shirley ihren ganz persönlichen Gartenstil entwickelt, mag er den Besuchern nun gefallen oder nicht. Sie ist davon überzeugt, dass Frauen bessere Gärtnerinnen sind als Männer, weil sie nicht so intensiv in die Natur eingreifen. Männer wollen in einem Garten immer ihre Kräfte messen, sagt sie, und vor allem schneiden, versetzen und stutzen sie nach ihrer Meinung viel zu viel. Und so hat David einen eigenen kleinen, formalen Garten bekommen, in dem er nach seinen maskulinen Vorstellungen werkeln kann. Sie selbst lichtet bei ihren unzähligen Rosen nur dürre Zweige aus, so das überhaupt noch möglich ist. Denn manche haben ein ziemlich dynamisches Eigenleben entwickelt und halten sich überhaupt nicht mehr an die Vorgaben der Rosenkataloge, was Shirley aber keineswegs beunruhigt, sondern eher amüsiert und gelassen hinnimmt.

Ein Garten wie bei Dornröschen

Gewaltige Büsche und blütenübersäte Rosenhecken erwecken spontane Erinnerungen an Dornröschens Reich und eine Ritterrüstung für den intensiven Kontakt mit Shirleys wilder Rosenpracht scheint durchaus angemessen. Die meisten ihrer unzähligen Pflanzen, nicht nur ihre Rosen, dürfen in einem charmanten „Laissez faire“ wachsen, wie es die Natur vorsieht. Samen können im Garten aufgehen, wo immer sie sich wohl fühlen, und bilden bald üppige und manchmal sehr ungewöhnliche Pflanzengemeinschaften. Rosa Wolken von Spornblumen blühen da, untermischt mit rosa und blauem Storchschnabel, mediterran anmutenden Zistrosen und hohem Gewürzfenchel mit dekorativem, kupfergetöntem Laub. Dazwischen behauptet sich gelb blühendes Brandkraut mit unglaublich weichen, samtigen Blättern, weiße, ganz schlichte Lichtnelken und dicke, silbrige "Eselsohren", die sich gemeinsam mit Unmengen des entzückenden spanischen Gänseblümchens *(Erigeron karvinskianus)* und wilder Kamille die Plattenfugen teilen. Alles zusammen ergibt einen höchst ungewöhnlichen Hofstaat für die eigentlichen Stars von Elsing Hall, die Kletterrosen, die sich an den warmen Hausmauern aus bröckelndem, rotem Klinker gemeinsam mit zahlreichen Clematisarten üppig emporranken.

„Laissez faire“

So manchem an eine straffe Ordnung gewöhnten Gärtner mag Shirleys Gartenstil etwas sehr unkonventionell und ungebärdig erscheinen, sogar für englische Verhältnisse. Sie liebt die wilde Natur ihres Gartens und scheut auch nicht davor zurück, sich äußerst romantisch zu geben, was sie für einen typisch weiblichen Charakterzug hält. Dass bei ihr auch eine gewisse Eigenwilligkeit im Spiel ist, lässt sich nicht leugnen und macht vielleicht den ganz besonderen Charme dieses sehr ungewöhnlichen Gartens aus, dem man als Rosenfreund sofort verfallen muss. Ganz unbefangen zeigt sie ihren überraschten Besuchern mitten im heute von Rosen dominierten ehemaligen Obstgarten sogar ein Beet mit Brennnesseln, mit dem sie die von ihr geliebten Schmetterlinge in den Garten lockt.

„William Lobb" ist ein duftender Rosenklassiker.

Jeder Garten hat einmal im Jahr seinen absoluten Höhepunkt und für Elsing Hall liegt er, je nach Witterung, in den ersten Juniwochen. Die unzähligen alten Rosen, denen Shirleys Herz gehört, blühen relativ früh im Jahr und leider nur einmal. Aber ihre Blütezeit ist ein rauschendes Fest der Düfte und Farben, das man vielleicht gerade deshalb so besonders genießt, weil es nicht lange andauert und man danach wieder ein ganzes Jahr darauf warten muss. In ihrer großen Sammlung gibt es natürlich viele Rosen, die länger blühen oder später noch einmal eine Nachblüte haben, aber Shirley hat sich mit großer Konsequenz den so genannten alten Rosen verschrieben. Inzwischen liegt sie damit durchaus im Trend, da viele englische Rosenzüchter, wie der von ihr favorisierte und häufig besuchte Peter Beales, wieder vermehrt die wunderbar duftenden historischen Rosen anbieten. Dass man viele Klassiker der Rosenzucht bei ihr findet, versteht sich von selbst. Sehr interessierten Besuchern zeigt sie aber auch ihre namenlosen Raritäten, die sie in alten Gärten, auf Friedhöfen und an Kirchenmauern entdeckt und durch Stecklinge selbst vermehrt hat. Und gelegentlich erklärt sie auch ihren Trick, wie sie dabei vorgeht.

Die Rose hat Dornen nur für jene,
die sie berühren wollen.

A Cup of Tea

Die typisch englische Cup of Tea, die am Ende der Gartenbesichtigung in Shirleys gemütlicher Küche mit leicht feuchten Wänden auf einem blank gescheuerten riesigen Tisch auf die etwas erschöpften Besucher wartet, macht den Abschied von den Cargills und ihrem Rosenreich nicht leichter. Der unvergleichliche Duft der Rosen von Elsing Hall weht einem noch eine Zeit lang verführerisch nach, auch wenn der Garten schon längst wieder aus dem Blickfeld der eiligen

Kletterrosen schlingen sich über ein zwischen Pfosten gespanntes Tau.

Reisenden verschwunden ist. Und dann bleibt nur noch die Erinnerung an eine Rosenfee und ihr mit rauen und doch so liebevollen Händen geschaffenes Reich. Aber die vermag, wie flüchtiger Rosenduft, Zeit und Raum zu überwinden. Eine Rose ist eine Rose ist eine Rose...

So werden Sie selbst zur Rosenfee

Wer träumt nicht von einem duftenden Rosenparadies im eigenen Garten?
Dabei ist seine Verwirklichung überhaupt nicht schwierig, braucht aber etwas Geduld. Gehen Sie zuerst mit Papier und Bleistift durch den Garten und überlegen Sie, welcher Gartenteil Sie am wenigsten befriedigt, bzw. wo sich ein Platz für Rosen finden

Rosenbögen

Durch mehrere Rosenbögen, die nicht zu niedrig sein dürfen, da die Rosen im Laufe der Zeit viel Platz einnehmen, kann man Gärten architektonisch interessant untergliedern und intimer gestalten. Kleine Gärten wirken bei guter Platzierung oftmals größer.
Ein raffinierter Trick für winzige Gärten: Befestigen Sie im Rosenbogen einen großen Spiegel (bei Hagelgefahr aus Metall) und der Garten wird auf einen Schlag doppelt so groß!
Zum Verkleiden von Rosenbögen eignen sich Rosen mit eher weichem Wuchs. Achten Sie beim Kauf auch darauf, ob die Rose viele Stacheln hat, die später Ihr Blut fließen lassen könnten. Es gibt auch Rosen, die nur wenig wehrfähig und trotzdem schön sind.

lässt. Da Rosen Tiefwurzler sind, beansprucht z. B. eine Kletterrose flächenmäßig nur einen halben Quadratmeter Platz, verlangt dafür aber einen tiefgründigen und nahrhaften Boden, um sich kräftig in die Höhe entwickeln zu können.
Überlegen Sie, welche Farbrichtung Ihnen am besten gefällt. Zur Auswahl stehen helle und dunkle Rosatöne bis zum tiefsten Purpurrot, flammendes Rot, ganz in Weiß oder Gelb von dunklem Gold bis fast Weiß. Ton in Ton-Bepflanzungen wirken übrigens eleganter als ein allzu bunter Farbenmix. Eine Mauer oder eine kleine Rosenlaube, mit der man dem Garten Struktur verleihen kann, wird am schnellsten von Ramblerrosen überwuchert, deren Ranken im Jahr mehrere Meter lang wachsen. 'Bobby James', 'Kiftsgate', 'Wedding Day', 'Paul's Himalayan Musk' und die aus Sissinghurst berühmte *Rosa mulliganii* blühen weiß, die reizende 'Francis Lester', 'Appleblossom', 'Kew Rambler' und die leider etwas mehltauanfällige, aber wunderschöne 'American Pillar' hell- bis dunkelrosa.

Die riesige Herkulesstaude wirkt wie eine moderne Gartenskulptur.

Geduld bringt Rosen

Besuchen Sie unbedingt Rosenausstellungen und Rosenschaugärten, um sich mit dem Wuchs ihrer späteren Lieblinge und vor allem deren Duft vertraut zu machen und kaufen Sie vorzugsweise bereits blühende Containerrosen, bis Sie sich bei Rosen gut auskennen. Pflanzen Sie keine „No Name" - Billigware! Eine Rose kann man wegen der Bodenmüdigkeit später nur schwer wieder austauschen, wenn sie einem nicht gefällt.
Will man Rosen nach Rosen setzen, muss man den Boden tief und großflächig austauschen, was ziemlich viel Mühe macht und einen Großeinsatz von Studentenblumen *(Tagetes)* zur Bodenauffrischung erfordert, mit denen man Rosen als Begleitpflanze übrigens generell viel Freude macht. Auch *Clematis* wachsen gerne in Kletterrosen hinein und können farblich wunderbar ergänzen.

Wild und Strauchrosen

Wenn Sie ihren Garten in ein Rosenreich voll Duft und Üppigkeit à la Elsing Hall verwandeln wollen, sollten Sie unbedingt mehrere Wild- und Strauchrosen pflanzen, die in jeder gewünschten Wuchshöhe angeboten werden und im Übrigen sehr wenig Arbeit machen. Sie werden im Frühling nur etwas in Form gebracht, aber kaum beschnitten und dürfen mehr oder weniger frei wachsen. Greifen Sie nicht nur zu großblütigen Rosensorten. Gerade die kleinblütigen, dafür aber überreich blühenden Sorten wie 'Mozart', 'Marie Lisa' oder 'Super Excelsa', um aus der riesigen Fülle nur einige zu nennen, tragen ganz wesentlich dazu bei, aus Ihrem Garten ein Dornröschenreich in Ihrer ganz speziellen Lieblingsfarbe entstehen zu lassen. Und vergessen Sie nicht, wenn es Ihnen am Anfang nicht schnell genug geht: Nur Geduld bringt Rosen!

Vor langer, langer Zeit gab es in Cornwall einen riesengroßen Garten. Er lag weit ab von jeder Siedlung, inmitten eines großen Waldes, und gehörte einer Familie namens Tremayne. Ein Teil dieses Gartens war von einer hohen Mauer umgeben.

Verlorene Gärten – Heligan

Sicher ist, dass der Garten eines Tages ganz einfach in Vergessenheit geriet, aber so weit sind wir noch nicht. Auch in einem Märchen kommt schließlich alles der Reihe nach. Im Laufe der Jahre fügten die wechselnden Generationen dieser Familie dem einstigen großen Gemüsegarten, der zur Selbstversorgung des abgelegenen Ansitzes notwendig war, immer neue Bereiche hinzu, die einzig dem Vergnügen dienten. Einen italienischen Garten, ein Farntal, Flora's Green, einen Melonenhof, einen Neuseeland-Garten, eine mit Kristallsteinen verkleidete Grotte, eine Teichlandschaft und einen Bambusdschungel. Vor allem aber pflanzten sie, wie es damals in England in Mode kam, Unmengen von Rhododendren, die im milden cornischen Klima herrlich gedeihen und sich inzwischen zu gigantischen, alljährlich in dramatischem Rot blühenden Bäumen ausgewachsen haben.

Rhododendren-Riesen

Manche meinen, es seien hier die weltweit größten Exemplare des Baumrhododendrons zu finden und das könnte durchaus stimmen. Manche sind fast so groß, wie ein ganzes Fußballfeld.
Mit wie vielen tausend und abertausend Blüten sie sich jedes Jahr von neuem schmücken, kann man nicht einmal annähernd schätzen. Es ist eine grandiose Verschwendung, die sich die Natur hier leistet. Abgefallen bilden sie samtweiche, farbenfrohe Teppiche auf den schattigen Wegen.
Zu seinem gärtnerischen Höhepunkt, welcher kurz vor dem 1. Weltkrieg war, muss der Garten auf alle Fälle wie ein Stück vom Paradies gewesen sein und wurde von 22 Gartenkräften aufwändig gehegt und gepflegt.

Die schlafende Schönheit von Heligan.

Geschichte ist nie vorbei

Aber obwohl der Garten wirklich weit weg von allem war, was damals den Lauf der Welt beeinflusste, war er doch nicht weit genug entfernt, um nicht von den dramatischen Geschehnissen beider Weltkriege bis in seine Grundfesten erschüttert zu werden. Eigentlich kam es einem Todesurteil für den Garten gleich, als alle Gärtner zu Beginn des ersten Weltkrieges zur Devon- und Cornwall-Leichtinfanterie eingezogen wurden. Die meisten von ihnen verloren auf den Schlachtfeldern von Flandern ihr Leben und die wenigen, denen es bestimmt war, aus dem Inferno des Krieges wieder in die Abgeschiedenheit Cornwalls zurückzukehren, waren nicht mehr die selben, die einst aus ihrem stillen Garten ausgezogen waren, um für Gott, König und Vaterland zu kämpfen.

Vor allem aber fehlten die finanziellen Mittel, um einen so aufwändigen Garten wieder auf Hochglanz zu bringen und Mitte des 20. Jahrhunderts verließen die Tremaynes das einsame Heligan, um es an eine Familie zu vermieten, die Emus züchtete. Ihnen folgte die amerikanische Armee, die während des 2. Weltkrieges hier einquartiert wurde. Sie funktionierte die von riesigen Rhododendron-Büschen umgebene Rasenfläche kurzerhand in einen Panzerübungsplatz um, wobei die Steinstatuen des Gartens für Schießübungen herhalten mussten.

Wie Gewitterwolken türmen sich die blühenden Baumrhododendren.

Einst und jetzt

Bis 1990 ruhte alles im Dornröschen- Schlaf, überwuchert von Brombeeren, Efeu und Farn. Nach einem Orkan, der über 700 zum Teil riesige Bäume umriss, war der Garten nur mehr eine einzige, undurchdringliche Wildnis. So fand ihn der Holländer Tim Smits vor und begann mit einer beispiellosen Renovierungsaktion, deren Kosten mit einer unaufbringbar scheinenden Million Pfund geschätzt wurden. Dabei wurden einstige Gartenwege, die überraschenderweise fast völlig frei von Wurzeln waren, aufgefunden. Die einstigen Gärtner hatten sie immer wieder mit dem reichlich vorhandenen Seesand bestreut, dessen Salzgehalt keinen Bewuchs zuließ. Mit Metalldetektoren wurden Pflanzenschilder geortet, die Auskunft über verwendete Pflanzen gaben. Und so tastete man sich langsam an den „Lost Garden" heran, der nur wenige Jahre später Besucherströme nach Cornwall locken sollte.

Das flammende „cornish red" des Baumrhododendrons.

Patina aus Joghurt und Kuhmist

Der italienische Garten, bei dessen Anlage man sich seinerzeit von den Ausgrabungen in Pompeji hatte inspirieren lassen, wurde gleichfalls sorgfältig restauriert. Er enthielt eine der ersten Kiwipflanzen in England, die als Samen von Missionarinnen aus China in ihre Heimat Neuseeland und in Folge auch nach England gebracht wurden. Dass der in der Mitte stehende Knabe mit Delphin eine Nachbildung des abhanden gekommenen Originals ist, erkennt eigentlich niemand mehr. Er wurde nach einer alten englischen Methode zwecks rascher Alterung mit einer Mischung aus Joghurt und Kuhmist bestrichen, um die erwünschte Patina anzusetzen. Alte Gartenwerkzeuge in ihrer originellen Funktionalität, die interessanten Abbildungen der Gartenwildnis, bevor mit der Renovierung begonnen wurde, und sepia-getönte Fotos der einstigen Gartenmannschaft in altmodischer Kleidung lassen vor dem Auge der Besucher die Erinnerung an längst vergangene Gartentage anschaulich auferstehen.

Bee Boles & Bleichtöpfe

Im Kleinklima des geschützt hinter hohen Mauern liegenden Gemüsegartens wachsen nun wieder Obstbäume, die für Cornwall eher ungewöhnlich sind, und eine Fülle von Gemüsearten und farbenfrohen Blumen. Das völlig verfallene Gewächshaus wurde restauriert und soll wieder zur Ananaszucht Verwendung finden, die früher, bevor man diese Früchte importieren konnte, in England groß in Mode war. Interessant sind auch die aus Stroh geflochtenen Bee Boles, die in England ehemals gebräuchlichen Bienenkörbe, für die man in der wärmenden Ziegelmauer eigens Vertiefungen angebracht hatte. Die zu viktorianischen Zeiten viel verwendeten voluminösen Terrakotta-Bleichtöpfe für Gemüse geben vielen Besuchern ob ihres Verwendungszweckes zuerst einmal Rätsel auf.

Ein Dschungel mitten in Cornwall

Im bereits um 1770 angelegten, so genannten Dschungel, der sich durch ein kleines geschütztes Tal durch den unteren der beiden Gartenbereiche zieht, und um vier Teiche herum erstreckt, die sich stufenartig das moorige Wasser zuspeisen, kann man rund

Im „Dschungel“ von Heligan fühlt man sich wie in einer verzauberten Welt.

30 verschiedene Bambusarten bewundern. Besonders spektakulär ist sicher die Sammlung tasmanischer Baumfarne, die einst von den nach Australien segelnden Schiffen auf ihrer Heimreise als Ballast verwendet wurden und hier, so wie die Chusan-Palme *(Trachycarpus fortunei)*, der Taschentuchbaum *(Davidia involucrata)*, eine riesige chinesische Zeder, Gingkos, Sequoias und viele andere Exoten eine neue Heimat fanden.

Zur Blütezeit im Mai schweben die unzähligen Blüten der gigantischen Baumrhododendren in der dramatischen Farbe „cornish red“ wie eine Wolke über dem von üppigem Grün erfüllten kleinen Tal und schaffen eine geradezu unwirkliche Atmosphäre. Auf dem dunklen Wasser der moorigen Teiche spiegeln sich die aus Nordamerika stammende Scheincalla *(Lysichiton americanus)*, in England skunk cabbage genannt, mit dottergelben, wie gelackt wirkenden Blütenscheiden und ihre weiß blühende Schwester, die von der Halbinsel Kamtschatka stammende weiße Scheincalla. Einträchtig teilen sie sich das feuchte Ufer, während trockenere Gartenbereiche von unzähligen Bluebells *(Hyacinthoides non-scripta)* und wildem Bärlauch *(Alllium ursinum)* in Besitz genommen wurden, der seinen unverkennbaren Knoblauchduft weit durch den Garten schickt und in seinem Ausdehnungsdrang keine Grenzen zu akzeptieren scheint.

Ein Garten für Alice im Wunderland

An den Enden von armstarken und überaus stacheligen Stielen entfalten sich an feuchten Stellen wie ein Wunderwerk der Natur die riesigen, schirmartigen Blätter des sehr frostempfindlichen Mammutblatts *(Gunnera tinctoria)*, und lassen so etwas wie ein Alice im Wunderland-Feeling aufkommen, wenn trotz der frühen Jahreszeit die Köpfe der Besucher zeitweise völlig darunter verschwinden und sich aus den wie tote Baumstrünke wirkenden Wurzelstöcken überaus exotisch anmutende, bräunlich-rosafarbene Blütenstände schieben.

Exotische Dschungelvegetation wuchert am Rande Europas.

Neues können wir oft nur wagen, weil wir vom Alten noch gut getragen werden.

Am schönsten war der Garten eigentlich kurz nach seiner Wiedereröffnung, als er noch nicht ganz gezähmt war und weite Teile aufwies, die man gerade erst der Wildnis entriss. Wer das Glück hatte, ihn bereits damals zu erleben, wird diese Eindrücke wohl nie mehr vergessen und dem einzigartigen, alten Heligan ein bisschen nachtrauern. So mancher mag der Meinung sein, dass die Lost Gardens gleich zweimal verloren gingen, einmal nur dem Schein nach und dann endgültig durch den Kommerz. Vielleicht hätte man dem Garten einfach ein bisschen mehr von seiner einstigen wilden Unberührtheit, von seinem Dornröschen-Status belassen sollen. Aber wenn ein Garten erst einmal so berühmt ist, wie die Lost Gardens, ist das vermutlich nicht so leicht zu bewerkstelligen. Und dann bleibt außer dem Namen von Verlorenheit und Einsamkeit angesichts der vielen Besucher ganz einfach nichts mehr übrig. Aber daran sind wir wohl selbst schuld und schließlich haben ja auch nicht alle Besucher den gleichen Geschmack.

Ein eigenes Garten-Wunderland

Aus den Lost Gardens bringt man viel Begeisterung für die wilde Natur mit und die Erkenntnis, dass ein Garten nicht unbedingt aus einer Rasenfläche und gezirkelten Rabatten rundherum bestehen muss. Gerade Kinder können einem sterilen Garten meistens ohnehin nur wenig abgewinnen. Mit etwas Mut zum Ausgefallenen kann sogar ein kleiner Garten durchaus zum Freiraum für botanische Entdeckungsreisen, zum Abenteuerspielplatz und geheimnisvollen Refugium werden, in dem nicht nur Kinderseelen so richtig baumeln und sich entspannen können.
Sollte es im Garten bereits einen oder zwei alte Bäume geben, so würden sich diese, vielleicht mit ein paar Ramblerrosen bewachsen, natürlich ideal als „Starthilfe“ anbieten. Bei der Planung sorgfältig überlegen, wo das Herz des „wilden Gartens“ liegen soll, bzw. wo man sich vorzugsweise aufhalten möchte. Hier könnte eine Hängematte Platz finden oder eine rustikale Sitzgruppe, die Wind und Wetter nicht übel nimmt, und ein Grillplatz. Dann studiert man im Staudenkatalog eines Spezialanbieters, welche Pflanzen sich eignen würden und unternimmt dabei eine botanische Weltreise.

„Wilde“ Charakterpflanzen

Unübertroffen in ihrem „wilden“ Charakter sind eigentlich die unterschiedlichsten Gräser, vom Bambus bis zum Riesenchinaschilf *(Miscanthus sinensis)* oder Reitgras *(Calamagrostis* spp.*)*. Vom Bambus gibt es viele winterharte Arten, z. B. *Phyllostachys*- oder *Fargesia*-Arten. Gräser schneidet man im Frühjahr ab, sie treiben dann jedes Jahr wieder neu aus.
Eine tolle Farbwirkung erzielt man mit dem rötlich belaubten Zierrhabarber *(Rheum palmatum* 'Atrosanguineum'*)* oder dem Purpurdost *(Eupatorium purpureum)*, der wie der Sommerflieder *(Buddleja)* viele Schmetterlinge anlockt. Gelbe Blüten bringen Riesenalant oder Topinambur, dessen Knollen man im Herbst sogar ausgraben und am Lagerfeuer grillen kann. Preiswert sind Königskerzen, Nachtkerze, Federmohn oder Disteln, wie die Eselsdistel, die sich selbst aussäen oder der Scheinhanf *(Datisca cannabina)*. Für schattige Stellen würden sich Farne wie *Polystichum*-Arten oder der Königsfarn *(Osmunda regalis)* eignen, beide wären ideale Nachbarn für einen Wigwam aus Weidenzweigen, der Kinderherzen höher schlagen lässt. Gut passen würde auch eine mit der wüchsigen *Clematis montana*, *C. tangutica*, duftendem Geißblatt oder einer Glyzinie überwachsene, einfache Laube. Aber auch mit einer Hecke aus dornenlosen Brombeeren oder wüchsigen japanischen Weinbeeren, von denen man im Herbst reichlich naschen kann, lassen sich wildromantische Rückzugsgebiete für Groß und Klein schaffen.

Die dottergelben Blüten der Scheincalla blühen zeitig im Frühjahr.

Sissinghurst – Vitas Gartenkunst

Wenn die schlanken Zwillingstürme von Sissinghurst irgendwo zwischen den Weizenfeldern und Hecken im südöstlich von London gelegenen Kent auftauchen, beginnt das Herz der meist von weit her angereisten Gartentouristen schneller zu schlagen.

Hat man dann am Eingang alle Formalitäten erledigt, wird man von den Damen des National Trust, der 1962 den Garten übernommen hat, huldvoll in den weltberühmten Garten entlassen. Ab jetzt ist jede Sekunde bis zur abschließenden Tasse Tee im Oatshouse, dem ehemaligen Hopfendarrhaus, mit der sich die auf- und angeregten Besuchernerven vor der Weiterfahrt wieder beruhigen können, ganz einfach kostbar. Ob man wohl all das finden wird, worüber man schon oft gelesen hat? Betritt man dann ehrfurchtsvoll durch das vom Wetter und Alter gebleichte schwere Eichentor den so genannten Oberen Hof, öffnet sich der Blick in eine Welt der Gartenwunder.

Vom Schloss Sissinghurst blieben nur die Panoramatürme übrig.

Die Farbe Purpur

Und so überrascht es eigentlich nicht, dass die routinierten Gärtner von Sissinghurst besonders hier im Eingangsbereich zahlreiche so genannte „Staunstellen" zu bekämpfen haben. So werden jene Stellen bezeichnet, auf denen allzu viele Besucher beim Staunen und Fotografieren zertrampelte Flächen hinterlassen.

Dass Sissinghurst noch immer ein höchst ungewöhnlicher Garten ist, erkennen die Besucher schon bei den ersten Schritten in den Garten hinein, spätestens aber beim Betrachten des berühmten purpurfarbenen Beetes, des „purple border", mit seiner ausgesprochen schwierig abzustimmenden Farbgebung. Eine gewisse Animosität zwischen der einstigen Besitzerin von Sissinghurst, der Schriftstellerin Vita Sackville-West, und der damals in England den Gartenton angebenden, legendären Gartendesignerin Gertrude Jekyll, die diese Töne nicht ausstehen konnte, sei der Auslöser für die Entstehung des purpurfarbenen Staudenbeetes gewesen.

An der auch hier, wie überall im Garten, allgegenwärtigen Klinkermauer ranken sich üppige Climber empor. Sehr dunkel blühende, wie *Clematis viticella* oder *Clematis* 'Victoria', aber auch zartfarbige wie die staudig wachsende 'Perle d'Azur', oder die interessante Rebe *Vitis viniferia purpurea*, während der purpurblättrige Perückenstrauch *(Cotinus coggygria)* dem Vordergrund Struktur verleiht.

Im Frühling spielen Tulpen wie 'Blue Parrot' eine wichtige Rolle, die hier übrigens über Jahre am gleichen Platz bleiben und höchstens ergänzt werden. Aber auch der einfache Schöterich (*Erysimum* 'Ruby Gem') oder zartlila Nachtviolen *(Hesperis)* mit ihren stark duftenden Blüten finden viel Verwendung, später Zierlauch, Iris und die berühmte zweifarbige Lupine 'Blue Jacket'.

Für England nicht ungewöhnlich ist die reichliche Verwendung der Skabiose *(Knautia macedonia)* oder der in Sissinghurst riesenwüchsigen *Cynara cardunculus*, besser bekannt als Artischocke, die so wie ver-

Das Hohe Knabenkraut empfängt die Besucher.

schiedene hohe Distelarten mit ihrem silbernen Laub Licht in die bei Schlechtwetter fast düstere Farbkombination bringt. Buschmalven, Indianernessel, Prachtscharte, *Sedum* und der in England gut gedeihende Bartfaden *(Penstemon)* ergänzen das schöne Bild.

Geheimnisvolle Gartenpforten

In den dekorativen, uralten Ziegelmauern öffnen sich unversehens versteckte, kleine Pforten, um den Besuchern Eintritt zu den unterschiedlichen und doch zu einem überaus geglückten, harmonischen Ganzen verschmolzenen Gartenthemen zu gewähren. So präsentiert sich der als „Delos" bezeichnete Gartenbereich im Frühling mit Unmengen von Christrosen in vielen Formen und Farben, später findet man dunkelviolette Tuffs eines hohen Knabenkrauts *(Dactylorhiza x grandis)* und Gruppen des eisvogelblauen Scheinmohns (*Meconopsis*).

Weltberühmt – der Weiße Garten

Spätestens jetzt beschließt man, den Turm zu ersteigen, um sich einen Überblick über all das zu verschaffen, was es noch zu entdecken gilt und das ist nicht wenig. Und dann entdeckt man tief unter sich ein grünes, weiß getupftes Geviert, wie ein alter Bauerngarten in rechtwinkelige, kleine Beete abgeteilt, über dessen Mitte eine riesige Ramblerrose im Juni wie eine gewaltige weiße Wolke zu schweben scheint: der weiße Garten. Plötzlich steht man mitten drin in diesem berühmtesten aller berühmten Gärten und kann gar nicht glauben, dass man wirklich da ist, wo man sich in seinen Träumen schon so oft hin gewünscht

Einst und jetzt

Im Jahr 1930 kauften die Schriftstellerin Vita Sackville-West und der Diplomat Harold Nicholson in der englischen Grafschaft Kent ein verwahrlostes Anwesen voller Brennnesseln, Unrat und bröckelnden Mauern, von dessen palastartiger Vergangenheit zu elisabethanischer Zeit nur mehr vergilbte Zeichnungen und die hohen Zwillingstürme kündeten. Die heute so berühmten „Gartenräume" entstanden aus dem höchst ungewöhnlichen Lebensstil des skurrilen Ehepaares, das in mehreren über den Garten versprengten Gebäuden lebte und arbeitete. Harold war eher Gartenarchitekt, Vita die ambitionierte Gärtnerin und ihr Garten ein Produkt schöpferischer Spannung und endloser Diskussionen zwischen den Ehepartnern. 1962 stimmte der National Trust einer Übernahme nur zögerlich zu, da Sissinghurst „keiner der großen Gärten Englands sei". Irren ist bekanntlich menschlich.

Im duftenden Kräutergarten von Sissinghurst blüht die Essigrose.

hat. Vielleicht hat man ihn sich ein bisschen größer vorgestellt, diesen weißen Garten, wo er doch auf der ganzen Welt so bekannt ist. Aber eigentlich hat man jetzt nur einen einzigen Wunsch: dass der Augenblick stillstehen möge, weil er gerade so schön ist. Und vielleicht noch, dass ein bisschen weniger Leute da wären, am besten gar keine, weil man dann den Garten ganz für sich alleine hätte. Und, dass man daheim auch so ein kleines, weißes Paradies sein Eigen nennen und öfter genießen könnte …

Im Juni präsentiert sich die das Herzstück des weißen Gartens bildende Rosenlaube mit unzähligen weißen Blüten überschüttet. Die ungefüllte *Rosa mulliganii* blüht zwar wie viele andere Ramblerrosen nur einmal im Jahr, aber dann in Überfülle. In den kleinen, mit Buchs sauber umrandeten Beeten, findet man ausschließlich weiß blühende Pflanzen, aber auch viele, die von Vita Sackville-West ihres silbrigen Laubs wegen ausgewählt wurden wie der nicht frostbeständige *Melianthus major*, *Artemisia arborescens* oder hohe Distelarten. Am meisten fotografiert wird wohl das Beet mit unzähligen reinweißen Calla-Blüten *(Zantedeschia aethiopica* 'Crowborough'*)*. Die Rose 'Iceberg' füllt gleich daneben ein anderes Beet. Bei mehreren anderen variiert die Bepflanzung alljährlich, um der Gefahr der Bodenmüdigkeit vorzubeugen, aber irgendwo findet man je nach Jahreszeit immer *Paeonien*, *Cosmeen*, Gelenksblumen, Rittersporn, Lupinien, Diptam, Iris, Glockenblumen oder Mohn. Das robuste *Tanacetum parthenium* 'Rowallane' und im Hintergrund duftige Wolken des attraktiven Riesenschleierkrautes *(Crambe cordifolia)* oder der Federmohn *(Macleya cordata)* sind robuste Ergänzungen zu den weißen Kostbarkeiten.

Who is who im Rosengarten

Im Rosengarten entdeckt man eine Fülle alter Rosen mit großen Namen, vorwiegend in Magenta- und Rosatönen, dazwischen sich unterordnende Begleitpflanzen, die dem Garten auch außerhalb der begrenzten Blühzeit Struktur und Farbe verleihen. 1937 begann Vita in diesem Bereich ihre Rosensammlung einzuquartieren. Ihr Mann schuf die klassisch-einfache Gliederung, wie sie heute noch vorhanden ist. Die meisten der heute gezeigten Rosen stammen noch aus der Hand des gärtnernden Ehepaares, wie 'Cardinal de Richelieu', 'Nuits de Young' oder 'Tuscany' und die reich blühende 'Zephirine Drouhin', um nur einige zu nennen. Zur Anregung eines reichen Blütenansatzes werden die relativ weichen Triebe spiralförmig an Kuppeln und Bögen entlang geführt. So mancher Besitzer einer alten Rose wird sich spontan eine kleine Zeichnung anfertigen, um künftig seine Rosen zu Hause nach der „Sissinghurst-Methode“ zu größerem Blütenreichtum anzuspornen.

Kräutergarten mit Kamillenbank

Obwohl oder vielleicht gerade weil viele mediterrane Kräuter im feuchten englischen Klima nicht selbstverständlich gedeihen, wurde ihnen von Vita Sackville-West große Aufmerksamkeit geschenkt. Dass ihr der etwas abseits gelegene Kräutergarten viel bedeutete, lässt sich an der wunderbaren Kamillenbank, die "Sitz Edward des Bekenners" getauft wurde, erkennen. Von Bienen umschwärmt ist das von Vita in Form einer Patchwork-Decke angelegte Beet aus violett, rosa und weiß blühenden Quendel-Sorten, dem wilden Thymian.
Verfolgt man Vitas zahlreiche gärtnerischen Aufzeichnungen über Erfolge und Misserfolge, dann stellt man fest, dass sie ursprünglich eigentlich gar keine begnadete Gärtnerin war. Sie wurde aber dazu. Einerseits durch Wissbegier und unglaubliche Hartnäckigkeit, vor allem aber durch tiefes Einfühlungsvermögen in das Seelenleben ihres Gartens mit all seinen botanischen Wundern. Ein schöneres Denkmal als einen blühenden Garten kann eigentlich niemand hinterlassen und wir, die Besucher, sollten dieser bemerkenswerten Frau, die der Welt so viel Schönheit geschenkt hat, voll tiefer Dankbarkeit gedenken.

Ein „Reifrock“ aus Haselnuss ist für schnelle Kletterer gebaut.

Die berühmte Kamillenbank ist mit Teppichkamille bepflanzt.

Irgendetwas geht immer schief.
Aber ein Gärtner wäre kein Gärtner, wenn er die Hoffnung nicht hätte.

(Vita Sackville - West)

Rosa mulliganii überzieht die Laube im Weißen Garten.

Ein Garten ganz in Weiß

Vita Sackville-West schuf ihren weißen Garten, um auch im Dunkeln zu ihrem „Schlafhaus“ zu finden. Auch wenn unsere Wohnverhältnisse weniger exzentrisch sein dürften, so ein weißer Garten, in dem sich laue Sommerabende besonders genussvoll erleben lassen, wäre natürlich schon eine reizvolle Sache. Auch ein Balkon oder eine Terrasse lassen sich übrigens „ganz in Weiß“ gestalten. Die Planung erfordert weniger Gartenwissen als einiges an Disziplin, um nicht doch zu anderen, verlockenden Farben zu greifen. Das Ergebnis macht aber gleich viel oder wenig Arbeit, so wie jeder andere Garten auch.

Struktur und Gliederung

Wichtig ist vor allem eine klare Gliederung, da weiße oder silbrige Pflanzen alleine relativ wenig Struktur ergeben. Man erreicht sie am besten mit schwachwüchsigem Buchs als Beetrandbepflanzung. Schaffen Sie unbedingt einen ruhigen, eher dunklen Hinter-

grund, zum Beispiel aus Eiben, vor dem sich das Weiß der Blüten kontrastierend abheben kann.
Je nachdem, ob man eher gelbliches oder bläuliches Grün verwendet, kann man den Garten wärmer oder kühler und distanzierter erscheinen lassen. Mischen Sie viele Pflanzen mit auffallend silbrigem Laub dazwischen, auch wenn deren Blüten eher unscheinbar sind und berücksichtigen Sie die unterschiedlichen Wuchshöhen.
Planen Sie die Bepflanzung unbedingt vorher auf dem Papier und achten Sie darauf, vom Frühling bis zum Herbst Blühendes im Garten zu haben. Planen Sie einen Sitzplatz, der auch am Abend noch warm genug ist, um den zu dieser Tageszeit besonders attraktiven Garten genießen zu können.

Reserve für alle Fälle

Halten Sie einige getopfte Pflanzen (in Jiffypots) in Reserve, damit Sie allfällige Lücken schnell schließen können.

Clematis passt zum Purpur-Garten.

Stars und Ensemble

Geeignete Pflanzen für den Hintergrund wären z. B. Eselsdistel *(Onopordum)*, Artischocke, Rittersporn, Artemisia, Federmohn *(Macleaya cordata)*, Riesenschleierkraut *(Crambe cordifolia)*, Silberkerze *(Cimicifuga)*, weiße Ramblerrosen, Strauchrose 'Iceberg' (auch kletternde Form).
Niedriger sind weißer *Agapanthus*, Herbstanemonen, Phlox, Pfingstrosen, weiße *Nigella*, Gelenksblumen *(Physostegia)*, Iris, Zierlauch *(Allium)*, die *Malva moschata* 'Alba', Lupinen, Nelken, weißer Lavendel, Lichtnelken, Glockenblumen, *Helichrysum*, Madonnenlilie, *Monarda* 'Snow Queen', *Santolina*, Blauschwingelgras, Funkien, Tulpen, Schleifenblume *(Iberis)*, Gartengänsekresse *(Arabis)*, Currykraut oder Hornkraut *(Cerastium)*, Ziertabak, Spinnenpflanzen *(Cleome)*, die *Cosmea* usw..
Mischt man bei der Neupflanzung ein- und mehrjährige Pflanzen, kann man bereits im ersten Jahr mit einem Anfangserfolg rechnen. Nur sollten die kurzlebigen Blüher nicht zu dominant sein, um die sich meist langsamer entwickelnden, ausdauernden Stauden nicht zu überwuchern.

In typisch britischer "splendid isolation" präsentiert sich Exbury, weitab vom Getriebe der Weltmetropole London, im Mündungsgebiet des Beaulieu Rivers bei Southampton. Wo sich Fuchs und Hase „Gute Nacht“ sagen, könnte man hinzufügen.

Exbury - Rothschilds Rhododendren

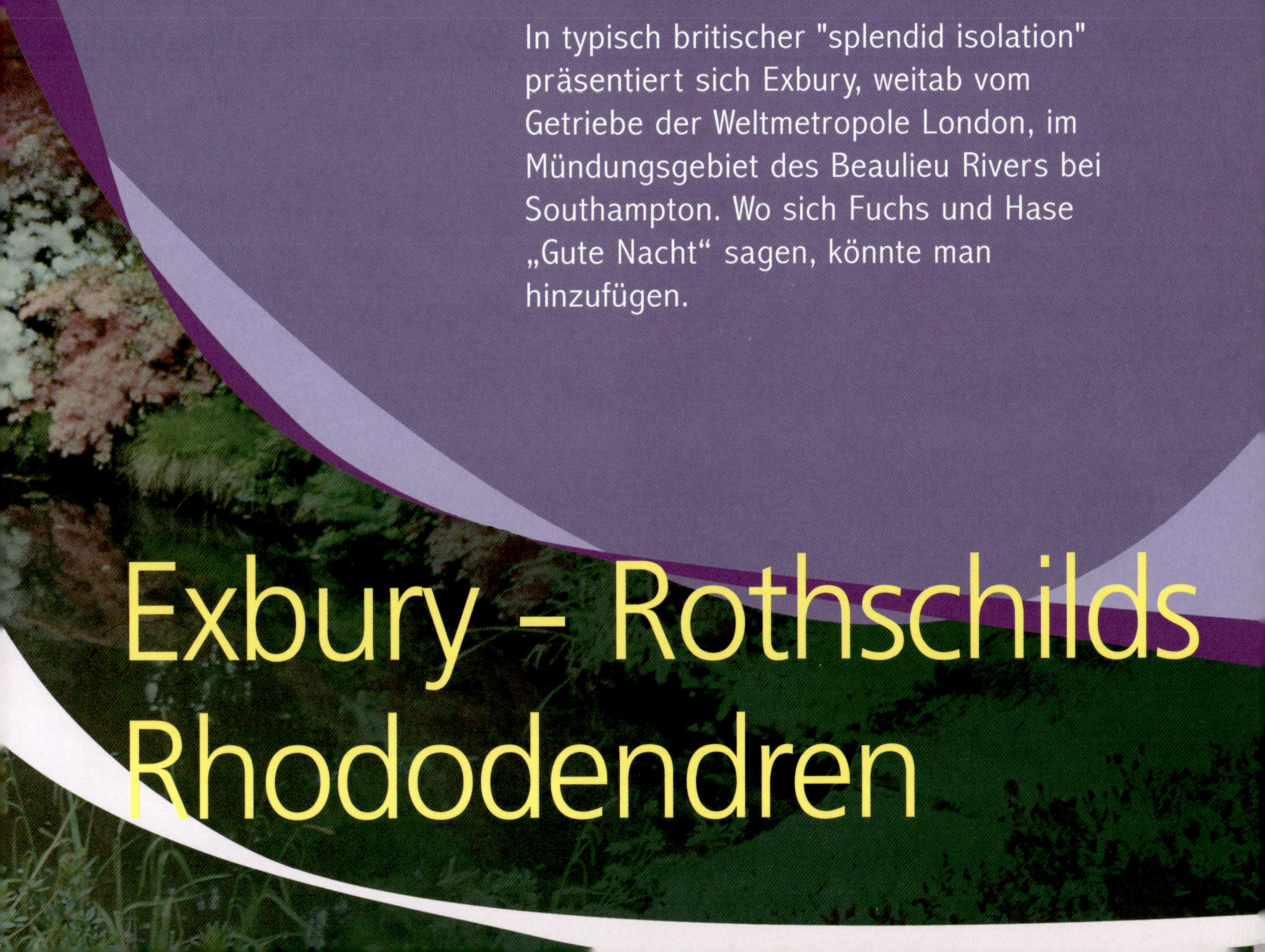

Ins gedrängte Besuchsprogramm eiliger England-Touristen passt er eigentlich nicht hinein, dieser Sehnsuchtsgarten eines reichen Mannes. Wer sich aber die Zeit nimmt, tief in die grüne Seele Großbritanniens einzutauchen und diesen unglaublichen, einzig dem Thema Rhododendron gewidmeten, riesigen Waldpark mit allen Sinnen zu entdecken, wird so wie sein Schöpfer unweigerlich zum fanatischen Liebhaber dieser spektakulären Pflanzengattung. Und gleichzeitig vermutlich auch zum England-Fan, führt einen die Anfahrt doch durch eine zauberhafte Landschaft von purer „Englishness“.

Rothschilds Rhododendren

Vorbei an meterhohen, in England „wilder Rhododendron“ genannten, lila blühenden Hecken und großen Flächen von golden blühendem Ginster, zwischen dem im Frühling Wildpferde mit ihren Fohlen grasen, durchquert man die New Forests, das einstige Jagdrevier der englischen Könige. Und hier, am Rande dieses großen Waldes, erfüllte sich ein Mann seinen Lebenstraum. Der Name Rothschild hat vornehmlich

Rhododendron 'Blue Peter' ist eines der vielen Highlights von Exbury.

in der Welt des Geldes einen guten Klang, aber von Wien bis an die Riviera verstreut, entdeckt man überrascht immer wieder von dieser berühmten Familie gesetzte, überragende grüne Akzente. Einer der schönsten Gärten der großen Rothschild-Familie ist fraglos Exbury, das großartige Lebenswerk von Baron Lionel, der sich als „a banker by hobby, a gardener by profession“ bezeichnete, also als Hobbybanker, dessen eigentlicher Beruf Gärtner sei.

Im Alter immer schöner

Im Vergleich zu anderen englischen Gärten ist der Park von Exbury nicht alt. Im Jahr 1919 begann Lionel Rothschild mit seinem kühnen Gartenprojekt, das sich über ein gewaltiges Areal erstreckt. Rund hundert Gärtner arbeiteten seinerzeit an der Verwirklichung seines Traumes und nahmen rund 1 Million Pflanzungen vor, die seitdem laufend ergänzt und erneuert werden. Sogar ein Wasserturm, von dem aus ein 22 Meilen langes Rohrsystem gespeist wird, wurde vom weitblickenden Perfektionisten errichtet, als ob er damals schon die Probleme des Klimawandels auch für England vorausgeahnt hätte. Man schätzt, dass man heute viele Millionen Pfund aufwenden müsste, um diese Rhododendron-Sammlung noch einmal zusammenzutragen. Nicht eingerechnet die fast hundert Jahre, in denen sich die damaligen Setzlinge zum Teil zu wahren Riesen entwickelt haben.

Viele botanische Raritäten sind hier zu bewundern.

Einst und jetzt

Der 2. Weltkrieg setzte, wie so vielen Gärten auf der britischen Insel, dem Paradies ein jähes Ende. Baron Lionel war es nicht vergönnt, die Früchte seiner exzessiven Arbeit zu erleben.
1942, kurz nach seinem frühen Ableben, wurde der Ansitz von der britischen Marine besetzt. Mit der unzureichenden Hilfe von vier bereits pensionierten Gärtnern führte Lionels Witwe bis zur Rückkehr Ihres Sohnes Edmund aus dem Krieg den Betrieb fort. Bereits in den frühen fünfziger Jahren wurde der riesige Park für die Öffentlichkeit allgemein zugänglich gemacht.
Heute findet man hier Rhododendron-Kostbarkeiten aus fast allen Teilen der Welt, von denen viele von ihren Naturstandorten längst verschwunden sind, aber auch die in der Fachwelt berühmten und hier ge-züchteten Exbury-Hybriden, die man im angeschlossenen Pflanzenzentrum für den eigenen Garten erwerben kann.

Wasser und Blüten bilden eine traumhafte Kombination.

Schmalspurbahn im Garten

Auch unter Zuhilfenahme der Schmalspurbahn sollte man für die annähernde Erkundung dieses riesigen Waldes drei bis vier Stunden als Minimum einplanen. Und selbst dann wird man das Gefühl haben, dass dieser einfach überwältigende Rhododendron-Park wie ein Traum aus Licht und Farbe an einem vorbeigezogen ist und dass man eigentlich noch viel, viel Zeit benötigen würde, weil man bei Weitem nicht alles gesehen hat. Gelegentliches Verirren ist bei dieser Zeitvorgabe ohnehin nicht eingerechnet, aber das ist in Exbury, trotz der guten Beschilderung, jederzeit möglich. Denn auf der asphaltierten Straße, die quer durch den Park verläuft, hält es niemanden lange. Und fängt man erst einmal damit an, die vielen kleinen Rasenwege, die sich zwischen Wänden von blühenden Azaleen und Rhododendren auftun, zu erkunden, dann ist es um einen geschehen. Denn dann wird Exbury zur Sucht, die einen dazu treibt, immer neue Pfade und bezaubernde geheime Refugien zu entdecken, kühne Farbexperimente zu fotografieren, die dann in heimatlichen Gefilden doch nicht nachgeahmt werden, weil einem der Mut, die Experimentierfreude und wohl auch der Platz und vor allem die klimatischen Ver-hältnisse dazu fehlen.

Walking down Lover's Lane

Jeder einzelne der auf dem Gartenplan angeführten Bereiche entpuppt sich als eine Welt für sich, mit unterschiedlich gestaffelten Höhepunkten, um den Rhododendron-Park zu allen Jahreszeiten attraktiv zu gestalten. Den Beginn im Jahreszyklus macht der Wintergarten mit prachtvollen Exemplaren von *Rhododendron sinogrande* mit meterlangen Blättern und großen, mit Erika bepflanzten Flächen. Den Camellia-Weg dominiert die dankbare 'Donation', flankiert von unzähligen anderen, exquisit blühenden Kamelien-Schönheiten, die ihre Blütenpracht sorglos zu Boden fallen lassen, wo sie als farbenfroher Teppich liegen bleibt. Kommt man schon im April nach Exbury, erlebt man die berühmte Narzissenblüte, von der die weiten Rasenflächen in ein Meer aus gelben und weißen Blüten verwandelt werden.

Witcher's Wood erinnert an die früher hier lebenden Zigeunerfamilien, die im damaligen dichten Wald Holzkohle herstellten. Inzwischen wachsen auf den damals gerodeten Lichtungen gewaltige Magnolienbäume und baumhohe Rhododendren, während die Lover's Lane, durch die Baron Lionel seine Gäste mit Vorliebe führte, mit absolut einzigartigen Azaleen-

Im Wasser der Teiche verdoppelt sich die Blütenpracht.

arten überrascht. Viele davon verströmen einen köstlichen Duft. Der architektonisch sehr gelungene Rock Garden blüht schon sehr zeitig im Jahr, während die dankbaren *Azalea mollis*-Hybriden in großer Vielfalt Ende Mai den Abschluss der alljährlichen Rhododendron-Blüte bilden.

Lebenswichtiges Wasser

Am allerschönsten sind eigentlich die vielgestaltigen Wasserlandschaften, gebildet aus Teichen, Wasserläufen und Kaskaden, an deren Uferzonen sich unzählige Etagenprimeln, Callas, Farne und viele andere Pflanzen sichtlich wohlfühlen, während sich die wie kleine Blütengebirge auftürmenden Azaleenbüsche im dunklen Wasser widerspiegeln und solcherart verdoppeln. Japanischer Ahorn mit rotem und hellgrünem Laub setzt als Zwischenpflanzung auch außerhalb der Blütezeit der Azaleen farbige Akzente.

Dass ein Park wie Exbury seinen Verantwortlichen auch Sorgen bereitet, sei hier nicht verhehlt. Die extrem regenarmen letzten Jahre beginnen zum großen Schmerz der Gärtner und vieler Besucher bereits Auswirkungen auf die überaus feuchtigkeitsbedürftigen Rhododendren zu zeigen und machen diese auch für Erkrankungen anfälliger. Noch sehen es nur die, die nicht nur mit den Füßen, sondern auch mit dem Herzen dieses gärtnerische Kleinod durchwandern. Und die werden es auch sein, die trotz des Besichtigungstaumels irgendwann einmal des Schöpfers all dieser Herrlichkeit gedenken und dem Rhododendron-Baron Lionel Rothschild ganz einfach dankbar sind, dass sie an seinem Traum teilhaben dürfen.

Zum Nachpflanzen – Azaleengruppe in Rosatönen

Die Schönheit eines Gartens lebt in der Seele derer, die ihn besuchen.

Kleine Rhododendron-Kunde

In etwa 800 Arten, von zwergwüchsig bis baumhoch, ist diese variantenreiche Pflanzengattung vor allem über die nördliche Erdhalbkugel verbreitet und inspiriert mit ihrem vielfältigen Blütenreichtum seit Jahrhunderten findige Gärtner zu immer neuen Züchtungen. Füllen schon die Naturformen viele Lexikonseiten, so sind den Hybriden praktisch überhaupt keine Grenzen gesetzt. Vor allem ihres mit zunehmendem Alter immer großartiger werdenden Blütenreichtums wegen, faszinieren Rhododendren Besitzer kleiner und großer Gärten und sind bei richtiger Pflege für ein langes Gartenleben prädestiniert. Da sie zwar viele Faserwurzeln, aber keine tiefgehenden Pfahlwurzeln besitzen, eignen sie sich, zumindest über einige Zeit hinweg, auch gut als Kübelpflanzen. Irgendwann sollten sie allerdings in den Garten übersiedeln dürfen.

Verliebt in Rhododendren

Exbury lässt keinen Besucher unbeeindruckt und eigentlich kommen nur jene ohne Einkauf am verführerischen Pflanzenshop vorbei, auf die zur Heimreise statt des Autos mit großem Kofferraum das enge Flugzeug wartet. Die bringen dafür dann eine lange Liste mit nach Hause und viele gute Ideen, wie sie sich zumindest einen etwas bescheideneren Rhododendron-Traum verwirklichen können, für den man nicht unbedingt ein Rothschild sein muss.
Auch wenn inzwischen so genannter „kalktoleranter“ Rhododendron angeboten wird, der ideale Boden für diese Pflanzenfamilie ist ein lockerer, luftdurchlässiger, leicht saurer Waldboden mit einem pH-Wert von

4,5 bis 5,5, den man allerdings in den meisten Fällen im Garten erst schaffen muss. Beste Humuslieferanten sind verrottetes Laub, kompostierte Rinde oder gehäckselter Gehölzschnitt, Torf und Moorbeeterde. Rhododendron wurzelt eher flach, daher muss die Pflanzgrube nicht tiefer als ca. 50 – 60 cm sein, dafür so groß, wie später der ausgewachsene Wur-zelballen. Wenig Arbeit macht ein Hochbeet, da das Ausheben der Erde entfällt, dafür ist mehr Pflanzsubstrat nötig. Auch große Rhododendren lassen sich im Herbst oder im zeitigen Frühjahr problemlos versetzen, da sie einen sehr kompakten Wurzelballen besitzen. Gedüngt wird zur Blütezeit entweder mit Spezialdünger oder mit Hornspänen, später nicht mehr. Langhalsige Triebe, die an federlose Hühnerhälse erinnern, entstehen durch Überdüngung mit Stickstoff. Am besten kräftig zurückschneiden, der Rhododendron treibt dann aus „schlafenden Augen“ wieder von Neuem aus.

Intensive Farbspiele bringen den Garten zum Leuchten.

Rhododendron ist kein Einzelgänger

Rhododendron ist kein Einzelgänger, sondern steht gerne in einer Gruppe mit Artgenossen. Für sein Wohlbefinden braucht er unbedingt eine hohe Feuchtigkeit von Luft und Boden, aber keine stauende Nässe und möglichst keinen Wind. Er ist eine typische Waldrandpflanze und liebt lichten, aber keineswegs tiefen Schatten. Außer im Winter, denn die Wintersonne verbrennt seine gefrorenen Blätter und macht ihn rasch unansehnlich.
Pflanzen Sie Rhododendron nie unter flach wurzelnde Bäume, die alles Wasser für sich beanspruchen, z. B. Birken, und vor allem nicht auf einen Sonnenplatz vor das Haus, auch wenn er Ihnen dort doch so gut gefallen würde. Die Natur, die bekanntlich immer Recht hat, hat ihn für diesen Platz ganz einfach nicht vorgesehen. Für kleine Gärten oder Topfbepflanzung eignen sich die sehr kompakt wachsenden Hybriden von *Rhododendron yakushimanum* besonders gut.

Blüh-Garantie für Rhododendron

Damit Ihr kostbarer Rhododendron in jedem Jahr verlässlich viele Blütenknospen ansetzt, sollten Sie unmittelbar nach dem Welken der Blüten diese vorsichtig ausbrechen. Aufpassen, dass der bereits sichtbare neue Austrieb dabei nicht beschädigt wird. In den großen Rhododendron-Parks wird das nur in den ersten Jahren nach der Pflanzung durchgeführt. Später nimmt man zwangsläufig in Kauf, dass Rhododendren nur jedes zweite Jahr eine Vollblüte aufweisen, was aber angesichts der Vielzahl der blühenden Exemplare nur sehr aufmerksamen Besuchern auffällt.

Wo ein Wille, da ein Weg, heißt es. Aber außer einem eisernen Willen und viel Gartenbegeisterung war wohl auch eine gehörige Portion Exzentrik notwendig, um im Jahr 1862 auf 57,8 Grad nördlicher Breite an die Anlage eines Gartens zu denken.

Inverewe – Heide und Moor

Auf der Höhe von Südnorwegen und ausgerechnet im rauen nordwestlichen Hochland von Schottland, wo es außer endlosen, menschenleeren Moorgebieten, Heidekraut, kleinen Fischerdörfern und traumhaften Wolkenstimmungen eigentlich nichts gibt, sollte dieser Gartentraum Wirklichkeit werden. Und das auch noch auf einer Halbinsel, die empfindlichen Gartenpflanzen gegenüber den vom Atlantik heranbrausenden Stürme überhaupt keinen Schutz zu bieten vermag und wo als einziger Baum eine windgepeitschte, kümmerliche Zwergweide ihr Dasein fristete. Außer ein bisschen Torf da und dort, wo ihn der Wind zusammengefegt hatte, gab es auch keine Erde.

Ein Geschenk des Golfstroms

Aber Osgood Mackenzie, der Besitzer des einsamen Landstriches in Wester Ross, auf gälisch als Garradh Inbir lu bezeichnet, hatte zur Verwirklichung seines Gartentraumes außer seinem eisernen Willen auch noch etwas anderes sozusagen direkt vor die Haustür gelegt bekommen: den Golfstrom. Und der beschert der schottischen Westküste so milde Winter, dass viele Pflanzen der Mittelmeerflora, Südafrikas und sogar Palmen im Freien gedeihen können. Und so

Die sommerliche Farbenpracht überrascht die zahlreichen Besucher.

beschränkte sich sein Traum von einem Garten keineswegs auf robuste, widerstandsfähige Pflanzen, sondern beschäftigte sich vielmehr mit einer aufwändigen, exotischen Flora, die niemand in diesen Breiten vermuten würde.

Ein Windgürtel aus Bäumen

In jahrelanger harter Arbeit pflanzte der damals knapp Zwanzigjährige zuerst einen Schutzgürtel aus widerstandsfähigen Bäumen, schottischer und korsischer Pinie, österreichischer Schwarzkiefer, Birken, Eichen, Buchen und Ebereschen. Rund um einen nach Süden zu leicht geneigten Bereich wurde aus vor Ort gesammelten Steinen, die im Norden Schottlands in Fülle vorhanden sind, entlang einer flachen Meeresbucht, eine hohe Mauer um jenen Bereich gezogen, in dem ein prachtvoller Gemüse- und Blumengarten entstehen und sogar Obstbäume Früchte tragen sollten. Jeder Kübel der in Schottland sehr raren und daher entsprechend kostbaren Erde musste mit dem Schiff von weither gebracht, in Körbe verladen und auf Eselsrücken zum geplanten Garten transportiert werden. Dem Vernehmen nach soll sie sogar bis aus Irland gekommen sein.
Gleichzeitig errichtete er auf einem, seinen künftigen Garten überblickenden Felsen, ein Herrenhaus im damals üblichen viktorianischen Stil.

In Inverewe findet man einen der schönsten Gemüsegärten der Welt.

Pflanzen aus aller Welt

Mit einer japanischen Zierkirsche wurde der Japan-Garten begründet, der außer zahlreichen Hostas und Kamelien inzwischen Pflanzen aus aller Welt beherbergt, wie die robusten Chusan-Palmen, dekorative Baumfarne, duftende Exemplare des Orangenstrauches *(Choisya ternata)*, aber auch äußerst seltene Rhododendren aus Yunnan, eine chilenische Myrthe und eine heute riesige *Magnolia campbellii*.
Im Frühling ist dieser Gartenteil in erster Linie ein Rhododendron- und Azaleenparadies, untermalt von einer Fülle der unterschiedlichsten Primeln aus dem Himalaja und China. Darunter unzählige Etagen-Primeln, von denen sich die *Primula* 'Inverewe' in einem total ungewöhnlichen hellen Rot präsentiert. Die herrlichen blauen Blüten des Scheinmohns *(Meconopsis)* setzen einen aufregenden Kontrapunkt dazu und sind ein absolutes „Highlight“.

Eine der vielen Gartenkostbarkeiten, der blau blühende Scheinmohn.

Der blaue Mohn

Denkt man an Mohn, fällt einem eigentlich zuerst die Farbe Rot ein. Aber der zur großen Familie der Mohngewächse zählende blaue Scheinmohn *(Meconopsis betonicifolia)* ist mit einigen anderen seiner Verwandten diesbezüglich völlig aus der Art geschlagen. Er stammt aus dem fernen Tibet, wo er bis in Höhenlagen von 4.000 m vorkommt.
Am unproblematischsten gedeiht er auf feuchten Standorten in Gegenden mit kühlen, feuchten Sommern, womit erklärt ist, warum man ihm gerade in schottischen Gärten besonders oft begegnet. Weltweit sind rund 45 *Meconopsis*-Arten bekannt. Nur eine davon, der gelb blühende Scheinmohn *(M. cambrica)* stammt aus Westeuropa, alle anderen aus dem asiatischen Raum.

Ein Garten für den Frieden

Im Mai und Juni vielleicht am schönsten präsentiert sich der so genannte 'Peace Plot', den Osgood Mackenzie anlässlich des Endes des ersten Weltkrieges pflanzte. Hier kann man einen 1906 gepflanzten Baum-Rhododendron aus Sri Lanka bestaunen, bei dem es sich um eines der größten Exemplare von

Die bunte Pracht der Etagenprimeln (*Primula bulleyana*).

Rhododendron arboreum in Großbritannien handeln soll. Allerorts im Garten sind inzwischen Rhododendron-Sämlinge zu großen, blühenden Sträuchern geworden, viele sind Unikate, die man nur hier finden kann. Gut geschützt sind prachtvolle Baumfarn-Exemplare herangewachsen, während sich am verwachsenen Teichufer *Osmunda regalis*, der in Großbritannien auch in freier Natur vorkommende Königsfarn, und Rodgersien zu wahren Riesenexemplaren entwickelt haben. Dass es einen eigenen Rhododendron-Walk gibt, mag niemanden überraschen, dass Eukalyptus hier bis auf rekordverdächtige Höhe wächst, wohl eher. Eigentlich jeder der vielen verschieden benannten Gärten, wie „Amerika“ oder das „Nasse Tal“ hat seine ganz bestimmten Pflanzengemeinschaften erhalten. Manche Namen erinnern an Menschen, Begebenheiten oder tragen alte gaelische Bezeichnungen, wie „Am Ploc Ard“, die Bezeichnung für einen Hügel, von dem aus man den Loch Ewe und die Gärten von Inverewe wunderbar überblicken kann.

Der Jubilee Walk erinnert an das silberne Kronjubiläum von Königin Elizabeth II. im Jahr 1977, der Garten mit dem seltsamen Namen Bamboosalem an eine einstige umfangreiche Bambussammlung, die großteils der weltweiten Bambusblüte vor einigen Jahren zum Opfer fiel.

Humus aus dem Meer

In diesem Garten eine der wichtigsten, für Besucher aber weitgehend unsichtbaren Arbeiten, ist der ununterbrochen notwendige Nachschub von Erde, von der

Einst und jetzt

Inverewe wurde 1952 als erste Garten-anlage vom National Trust for Scotland übernommen. Soweit möglich versuchte man, den eigenständigen Charakter dieses bemerkenswerten Gartens trotz des großen Besucherinteresses zu erhalten. Während der ersten 40 Jahre unter Trust-Verwaltung haben rund 3,5 Millionen Besucher diesen doch ziemlich entlegenen Garten besucht. Die Sammlung von Osgood Mackenzie wurde erweitert, Wege behutsam verbreitert und die für einen großen Besucherandrang von jährlich rund 200.000 Gartenfreunden notwendigen Versorgungseinrichtungen geschaffen. Trotzdem ist es gelungen, das ganz besondere Ambiente dieses legendären Gartens, der ein unvergängliches Denkmal der Gartenliebe und des Glaubens eines Mannes an sich selbst darstellt, zu bewahren, wofür den Verantwortlichen bereits mehrere schottische Tourismusauszeichnungen verliehen wurden.

Der Riesenalant (*Inula magnifica*) dominiert die „mixed borders“.

immer zu wenig vorhanden ist. Die hohen Niederschlagsmengen waschen die Nährstoffe aus, sodass durch einen massiven Einsatz von Mulchmaterial Abhilfe geschaffen werden muss. In Schottland verwendet man zum Mulchen seit Alters her Kelp, eine bestimmte Art von Tang, die bei jeder Flut am Strand angeschwemmt und dort eingesammelt wird. Gemischt mit gehäckseltem Farn, der in Schottland im Überfluss vorhanden und eigentlich eine Landplage ist, Baumrinde, dem Schnittmaterial von Sträuchern und tierischem Dung, ergibt sich eine jährliche Menge von rund 200 Tonnen Mulchmaterial, das im Garten dringend benötigt wird.
Die weite Anreise durch das karge schottische Hochland, die menschenleeren Moorgebiete und durch endlose, monoton wieder aufgeforstete Waldgebiete ist wie eine Art Pilgerreise zur Einstimmung auf diesen, von der so genannten Zivilisation so weit entfernten, wundersamen Garten. Der Frühling beginnt hier, trotz des Golfstromes verhältnismäßig spät, gegen Ende Mai. Aber dann spielt er sämtliche Facetten so richtig aus und alles beginnt zugleich zu blühen. Kräftig unterstützt wird die Vegetation dabei durch die für Mitteleuropäer ungewöhnliche, extrem lange tägliche Sonnenscheindauer, denn im schottischen Norden wird es während der Sommermonate nicht richtig dunkel.

Blauer Mohn – für eine Sternstunde

So prächtig viele Pflanzen in Inverewe sein mögen, wer die kleine Waldlichtung inmitten der üppigen Rhododendron-Pracht entdeckt, auf der die Blüten des blauen Mohns wie die Flügel eines eben geschlüpften Schmetterlings im Wind schaukeln, der kennt nur mehr einen Wunsch: Sich selbst so ein blaues Wunder in den Garten zu holen. Und während der rot blühende Mohn mit seinem Massenauftritt auf weiten Feldern einfach unvergessliche Bilder voller Heiterkeit zu zaubern vermag, hat der ihm sonst sehr ähnliche, wenn auch nicht verwandte, blau blühende Scheinmohn eine völlig andere Wirkung auf unsere Psyche und schafft eine romantische, fast feierliche Stimmung.
Die erste Begegnung mit ihm hat man meistens in einem englischen oder schottischen Rhododendron-Wald. Dann hält man unter Garantie zuerst einmal den Atem an und hat das Gefühl, es müsse ein Stück Blau vom Himmel gefallen und in unzählige Mohnblüten zersprungen sein.

Gast aus dem Himalaya

Gute Staudengärtner führen den aus dem Himalaja stammenden blauen Mohn mittlerweile eigentlich fast alle in Ihrem Sortiment. Meistens *Meconopsis betoni-*

Der blaue Mohn verzaubert jeden Garten.

cifolia, seltener *M. grandis*, oft auch die aus beiden hervorgegangene Kreuzung *M.* x *sheldonii*.
Schottische Gärtner bezeichnen alle als frosthart. Ein bisschen Winterschutz aus lockeren Tannenzweigen und Fichtennadelstreu empfiehlt sich trotzdem. Der erst im zweiten Kulturjahr nach der Pflanzung blühende blaue Scheinmohn stellt geringe Ansprüche und braucht wenig Platz, was ihn speziell für kleine Gärten geeignet macht. Er benötigt aber unbedingt kalkfreien, nahrhaften Boden, steht also am besten am Rand eines Moorbeets und eignet sich für schwierige Plätze, unbedingt mit etwas Sonne.
Aus Kreuzungen hervorgegangene Sämlinge können sich auf günstigen Standorten mehrere Jahre im Garten halten, z. B. *Meconopsis* 'Lingholm', allerdings nur, wenn die Samenstände sofort nach dem Abblühen entfernt werde. Andere verabschieden sich nach der Blüte und müssen neu gesetzt werden. Als Gruppe gepflanzt wirkt der Scheinmohn übrigens besonders attraktiv.

Vermehrung

Will man ihn selbst vermehren, lässt man die sich nach der Blüte bildenden Kapseln ausreifen. Es empfiehlt sich, den feinen Samen bis zum Frühjahr im Kühlschrank aufzubewahren und erst dann zu säen, da man zu junge Pflänzchen nicht über den Winter bringt. Am besten in einer halbschattig aufgestellten Schale mit Moorbeeterde aussäen. Auf gleichmäßige Feuchtigkeit achten, das Substrat darf nie austrocknen. So bald die Sämlinge zwei Blättchen haben, in kleine Töpfe vereinzeln und erst an Ort und Stelle setzen, wenn sie sich kräftig entwickelt haben. Nicht verzweifeln, wenn der Scheinmohn mit Ende des Sommers einzuziehen beginnt und frühzeitig verschwindet, das entspricht seinem Lebensrhythmus. Markieren Sie die Stelle und halten Sie Unkrautbewuchs sorgfältig fern. Im Frühling dauert es etwas, bis er sich, ungefähr zur gleichen Zeit wie die Funkien, wieder zurückmeldet.
Gute Nachbarn sind niedrige *Helleborus*-Arten, Mini-Funkien, klein bleibende Farne, Haselwurz, Vergissmeinnicht, Moose und als Vorpflanzung niedrige japanische Azaleen. *Meconopsis*-Arten, die übrigens auch in weiß, rosa und gelblich blühen können, werden zwischen 50 bis 100 cm hoch.

Schneckenschutz

Vor Schnecken kann man junge Meconopsis-Pflanzen speziell während der Austriebszeit durch einen dornigen Wall aus Rosen- oder Berberitzenschnittmaterial oder einen rundum gestreuten Ring aus Holzasche schützen.

In Irlands äußerstem Westen ist manches ein bisschen anders, mystischer als im übrigen Europa. Zumindest erwarten sich das viele Besucher der Grünen Insel so. Vor allem jene, die das Irische Tagebuch von Heinrich Böll gelesen haben.

Derreen – irische Seele

Und manchmal hat man ja wirklich Glück und ein Hauch von Mystik ist in dem einen oder anderen Garten tatsächlich noch zu spüren. So man den Garten in der Einsamkeit überhaupt entdeckt, natürlich. Denn ganz offensichtlich ist die einst für ihre Mystik berühmte Insel am Rande Europas, die sich heute lieber Keltischer Tiger nennt, auch beim Gärtnerischen inzwischen viel mehr aufs Repräsentative und Internationale aus, weshalb in irischen Reisehandbüchern weit mehr japanische als keltisch inspirierte Gärten angeführt werden. Und mystische schon gar nicht. Auch die Gärtnerseele hat sich ganz offensichtlich dem schnöden Mammon zugewandt, der den Iren nach Jahrhunderten der Armut und des Hungers die Mystik, von der man bekanntlich nicht satt wird, gründlich ausgetrieben hat.

Zauberwald im Elfenland

In Irland ist Mystik natürlich fraglos auch eine Wettersache. Denn was bei Sonnenschein als unirisch heiter und viel zu fröhlich erscheinen mag, das braucht nur die richtige Wolkenstimmung. Vielleicht noch ein bisschen Nebel oder altmodischen „Irish mist", den berühmten, sprühfeinen Regen. Dann bekommt vieles spontan wieder diesen Hauch von leisem Verfall und undefinierbarer Traurigkeit, wie er für Irland, das einstige Land der Elfen und seine Gärten prägend war.
Heute haben diese ätherischen Wesen praktisch ausgedient und nur mehr ganz wenige Rückzugsgebiete kommen für Irish fairies, die einst allgegenwärtigen

Knorrige Baumrhododendren prägen den Wald von Derreen.

Zauberwesen, überhaupt noch in Frage. Hauptsächlich sind das die für Nicht-Iren, also Touristen, geschriebenen Bücher. Aber eines der letzten dieser sagenumwobenen Refugien, vielleicht das des berühmten Elfenkönigs O'Donoghue, könnte im Zauberwald der im County Kerry gelegenen Derreen Gardens zu finden sein. Wenn weiße Nebelschwaden zwischen den braunroten und silbergrauen Stämmen des Waldes aus uralten Baumrhododendren ziehen und Moos und Flechtenbärte von umgestürzten Baumstämmen weit herunterhängen, aus denen die Luftfeuchtigkeit in winzig kleinen Tropfen herabrinnt, dann muss man nicht einmal ein hoffnungsloser Romantiker sein, um dieser Idee durchaus etwas abgewinnen zu können.

Rhododendron sinogrande findet man selten.

Einst und jetzt

Die von der letzten Eiszeit auf dem Land von Derreen vergessenen Felsen dienten vor der Besetzung Irlands durch Oliver Cromwell den örtlichen Clan-Chiefs als Versammlungsort, bis sie der im Eroberungsheer mitziehende englische Arzt Sir William Petty 1657 mitsamt dem umliegenden Land in seinen Besitz nahm. 1866 beschloss der damalige Besitzer, der 5. Marquis of Lansdowne, der eine Zeitlang englischer Vizekönig von Indien war, die nackten Felsen und die Wildnis in einen luxuriösen Garten umzugestalten, obwohl er im Jahr nur rund 3 Monate in Irland verbrachte. 1950 begann seine Schwiegertochter, Lady Mersey, die vernachlässigte Gartenwildnis zumindest in einigen Bereichen wieder zu zähmen. Nun greift ihr Enkelsohn David Bigham in die Wuchsfreudigkeit des von seinen Ahnen gepflanzten subtropischen Dschungels ein und versucht, neue Akzente zu setzen.

Verzaubert im Rhododendron-Wald

Im ausgesprochen milden und sehr feuchten Klima der irischen Westküste fanden vor allem die im 19. Jahrhundert in England gerade zu großer Popularität aufgestiegenen Baumrhododendren *(Rhododendron arboreum)* beste Wachstumsbedingungen vor und entwickelten sich zu einer unter europäischen Verhältnissen schier unvorstellbaren, dschungelartigen Wildnis. Manche davon haben ihre natürliche Altersgrenze ganz offensichtlich bereits weit überschritten und präsentieren sich als mystisch anmutender Zauberwald aus greisenhaft verkahlten Riesen.
Der sehr frostempfindliche *Rhododendron sinogrande*

mit seinen beim Austrieb rostroten, behaarten Blättern und riesigen weißgelben Blüten und viele andere ausgefallene Arten wie *R. shilsonii*, *R. maddenii* oder *R. griffithianum* geben sich hier ein farbenprächtiges Stelldichein und haben sich eindrucksvoll entwickelt.

Ein Garten wie in der Urzeit

Durch einen subtropischen, urzeitlichen Dschungel führt ein labyrinthartig gewundener Weg in einen als King's Oozy, Sumpf des Königs, bezeichneten und für Besucher überaus eindrucksvollen Gartenbereich voller riesiger Baumfarne *(Dicksonia antarctica)*. Gepflanzt wurden sie von König Edward VII. anlässlich eines Irland-Besuches. Nicht nur das intensiv grüne Wedel entwickelnde botanische Fossil, auch viele andere, erdgeschichtlich weit jüngere Pflanzen fühlen sich im weichen Waldboden, der sich im Laufe der Jahre aus abgefallenem, verrottetem Laub von selbst gebildet hat, ganz offensichtlich wohl.
Sie verwandeln die zuerst als einfache Gartenwanderung gedachte Besichtigung in eine Expedition in eine andere Welt, in der man Zeit und Raum ganz einfach vergisst. Doch spätestens wenn die zu sorglos gewählten Schuhe bis zu den Knöcheln ihrer Träger zum ersten Mal im morastigen Boden von King's Oozy versinken, wird man aus dem verwunschenen Reich der Botanik etwas unsanft wieder in die reale Welt zurückkatapultiert. Und beneidet die den Garten ganz offensichtlich mit langjähriger Routine besuchenden Einheimischen um ihre „Wellington boots", andernorts auch als Gummistiefel geläufig.
Im Frühling erweist sich das geschützte kleine Tal als große botanische Kinderstube, wenn aus tausenden von im Vorjahr ausgefallenen Samen der unterschiedlichsten Arten allerorts junge Pflanzen aus dem feuchten Boden sprießen. Rhododendren, Myrten, Nadelgehölze und sogar die exotischen Baumfarne sorgen hier für Nachwuchs in Überfülle und eine ständige Naturverjüngung.

Die Azalee leuchtet aus dem Blätterwald.

Feuchtes aus aller Welt

Little Oozy hat man einen anderen feuchten Bereich benannt, in dem eine Glanzmispel *(Photinia serrulata)* aus China gezeigt wird, daneben eine *Acacia pravissima* aus Australien, die verschiedensten Myrten von der anderen Seite des Globus, wie *Myrtus luma* aus Chile, seltene Sicheltannen *(Cryptomeria japonica)* und dazwischen immer wieder Kamelien, Azaleen und Rhododendren. Dass sich das Mammutblatt im sumpfigen Gelände wohlfühlt und sein wahres Potential den staunenden Besuchern vorführt, liegt auf der Hand. Man kann aber auch einen Pfefferbusch *(Clethra alni-*

Das Mammutblatt zeigt hier so richtig, welches Potential in ihm steckt.

folia) oder den legendären Teebaum des Captain Cook *(Leptospermium)*, die unterschiedlichsten Bambusarten, Kalmien oder eine Hecke aus neuseeländischer *Gaultheria* und vieles andere mehr entdecken, so man sich dafür die Zeit nimmt.

Derreen Gardens, diese wunderbare Gartenwildnis am Rande Europas mit dem Charme der freien, ungebändigten Natur, ist für Liebhaber dieses Gartengenres ein Erlebnis. Nur dem Elfenkönig, in dessen Reich es der Legende nach niemals Winter wurde und immer Blumen blühten, sind wir trotz eifriger Suche nicht begegnet. Den Fairies auch nicht. Dafür aber einem Dachs. Womöglich handelt es sich dabei ja um eine der Formen, derer sich Elfen von heute für ihre

Ein Fremder ist ein Freund,
dem man noch nicht begegnet ist.

(Volksweisheit aus Irland)

Begegnungen mit den Touristen bedienen. Sie könnten sich natürlich auch in „midges", die winzig kleinen, lästigen Mücken verwandelt haben, die ab Juni gelegentlich auch in Derreen Gardens die Besucher ziemlich quälen. In Irland kann man das nie so genau sagen, dort ist einfach vieles anders.

Little Oozy im eigenen Garten

Der Wunsch nach einem Garten der etwas anderen Art überfällt nicht nur für irische Mystik Empfängliche. Damit trübe Regentage künftig zu ihren Lieblingstagen zählen oder wenn ihr Garten für einen Teich zu klein ist, könnten Sie sich ein relativ pflegeleichtes, irisch inspiriertes Sumpfbeet anlegen. Bei einem länglichen Grundstück könnte auch ein versumpfter Bachlauf daraus werden. Die dazu nötigen Erdbewegungen und Kosten halten sich im Gegensatz zu einem Teich in Grenzen und es gibt auch keinen Kampf gegen lästige Algen.

Natürlich und geheimnisvoll

Für einen „mystischen" Garten sollten Sie keinesfalls einen einheitlichen Steinkreis rund um ihr neues Sumpfbeet legen. Beobachten Sie lieber, wie abwechslungsreich die Natur gestaltet. Wechseln Sie große mit kleinen Steinen ab, setzen Sie ein paar sehr große, dekorative Steine dazwischen und lassen Sie auch einige Stellen frei, an denen Pflanzen vom Ufer in den Sumpf hineinwachsen können. Vielleicht finden Sie irgendwo auch einige bemooste alte Baumäste, die dekorativ ins Sumpfbeet integriert werden, oder einen verwitterten Baumstumpf.

Ein Sumpfbeet anlegen

Entfernen Sie zuerst spatentief die oberste Erdschicht, die man bei der späteren Bepflanzung dringend wieder benötigt. Das nachfolgende Aushubmaterial wird als Wall von ungleicher Höhe rund um

Der Sumpf inspiriert zu botanischen Experimenten.

das Sumpfbeet aufgeschüttet, das übrigens, wie auch in der Natur, immer an der tiefsten Stelle des Gartens liegen sollte. Rund 50 cm „Tiefgang" genügen völlig. Der Untergrund wird mit dem Spaten festgeklopft, Steine müssen dabei sorgfältig entfernt werden. Mit einigen Kübeln Sand gibt man der Teichfolie, die jetzt über das ausgehobene Loch gebreitet wird, den für eine lange Lebensdauer wichtigen, weichen Untergrund. Die Folie wird an den Rändern etwas hochgezogen und mit Steinen und Erde beschwert. Die von der Folie gebildete Mulde wird mit dem Aushubmaterial, das mit Torf oder Moorbeeterde gemischt wird, teilweise wieder aufgefüllt. Einen Überlauf muss man nicht einplanen, da die umgebenden Pflanzen bei

„Hochwasser" Unmengen von Wasser schlucken können. Gedüngt werden muss so gut wie überhaupt nicht, die Pflanzen unterstützen sich gegenseitig.

Nach dem Vorbild der Natur

Je nach den klimatischen Verhältnissen im Garten, die sich durch die Pflanzung eines Windschutzgürtels oft ganz wesentlich verbessern lassen, kann ein Sumpfbeet sehr variabel gestaltet werden. Damit es den erdachten „mystischen" Eindruck macht, sollten reichlich sehr hoch wachsende Stauden eingeplant werden, die den Bereich zumindest im Sommer unübersichtlich und geheimnisvoll machen.
An den Rand, noch außerhalb des sumpfigen Bereiches, werden einige großblättrige Blattschmuckstauden, Bambus, Farne oder Gräser wie das Riesen-Chinaschilf gesetzt. Das Mammutblatt, in England in fast jedem größeren Garten zu finden, ist im mitteleuropäischen Klima nur beschränkt winterfest. Es muss mit viel Laub abgedeckt und durch eine Kiste während des Winters geschützt werden. Baumfarne, die in Derreen Gardens mit ihren ausladenden Wedeln eine unglaubliche Atmosphäre vermitteln, können in Mitteleuropa nur als Kübelpflanzen überleben und wachsen leider nur sehr langsam heran. Keine Probleme machen *Rodgersien*, Pestwurz, Hosta, Ligularien oder der Meerkohl. Dekorativ wirken auch Dost, Spierstaude, Weiderich, Taglilien, Tradescantien und die sibirische Schwertlilie.

Mitten im Sumpf

Im Sumpf mit unterschiedlichem Feuchtigkeitsgrad fühlen sich Binsen, Trollblumen, Hechtkraut, Wollgras, Knöterich, Primelarten wie die bezaubernde Etagenprimel und die aus Japan stammende *Iris kaempferi* wohl. Viele Sumpfpflanzen wirken übrigens weit mehr durch ihre Wuchsform, als durch Blütenschönheit.
Und dann gibt es noch den Übergangsbereich, in dem

Die bezaubernde *Iris kaempferi* sollte in Gruppen gepflanzt werden.

die Pflanzen ab und zu nach starken Regenfällen, in denen der Sumpf kurzfristig zum kleinen Teich werden kann, im Wasser stehen. Ein idealer Platz für die heimische Sumpfschwertlilie, Mädesüß, oder Goldkolben. Falls Ihr Sumpf sehr geschützt liegt auch für die Scheincalla, die bei uns allerdings eine wärmende Winterdecke benötigt.
Spätestens im zweiten Kulturjahr werden sich Libellen und vermutlich auch ein paar Frösche in Ihrem Biotop einstellen und dann sind Sie sicher, dass Sie alles richtig gemacht haben.

Villa Taranto – Traum vom Süden

Manchmal gibt es Zufälle im Leben, die unmöglich Zufälle sein können, sondern vermutlich doch so etwas wie Bestimmung. Oder ganz einfach eine jener seltenen Sternstunden, in denen die Vision eines von Farbe, Duft und Poesie erfüllten, einzigartigen Gartens geboren wird.

Und so muss es wohl im Jahr 1930 gewesen sein, als der schottische Captain Neil McEacharn gerade seine Ferien in Venedig beendet hatte und sich im Zug auf der Rückreise in seine Heimat befand. Er schlug die Times auf und sein Blick fiel zufällig auf eine Anzeige, laut der ein Anwesen am Lago Maggiore zu verkaufen sei. Als Mann schneller Entschlüsse unterbrach der Captain seine Reise in Stresa und nahm in Augenschein, was eine italienische Marchesa hier zum Kauf anbot. Der in der Bucht von Pallanza direkt vom Ufer des Lago Maggiore aus sanft ansteigende Kastanienwald von „La Crocetta", wie er damals hieß, mit herrlichem Blick auf den See, schlug ihn spontan in seinen Bann.

Garten eines Kenners und Könners

Was Gärten anbelangte, besaß er ein fundiertes Wissen, existierten doch auf den Besitztümern seiner schottischen Ahnen in Galloway, deren Erbe er war, bereits wunderbare Gartenanlagen. Doch in diesen Gärten waren ihm des rauen Wetters wegen gestalterische Grenzen gesetzt, während er im milden Klima des südlichen Lago Maggiore seine botanischen Träume so richtig ausleben konnte. Und so machte er sich an ein Werk, das ihn bis ans Ende seines Lebens in Anspruch nehmen sollte. Um einerseits seine bota-

Im Frühling erleben die Besucher eine prachtvolle Tulpenparade.

nischen, aber auch seine ausgeprägten ästhetischen Vorstellungen zu realisieren, schuf er einen Garten, dessen heutige wirtschaftliche Bedeutung als wichtiges touristisches Highlight des Tessin ihn vermutlich ziemlich überraschen würde.
Hunderte italienische Arbeiter begannen, nach seinen Plänen den für das Tessin so typischen Kastanienwald zu roden, um Platz für seine botanischen Kostbarkeiten zu schaffen. Einige schöne Exemplare durften stehen bleiben und haben sich seither zu wahren Baumgiganten entwickelt. Angrenzende Grundstücke wurden dazugekauft, Wege und Beete angelegt, Terrassen und Mauern gebaut, um das Gelände gegen die manchmal sehr heftigen Gewittergüsse zu sichern. Durch ein acht Kilometer langes Netz von Rohren wird heute noch Wasser vom See heraufgepumpt, um die empfindlichen Gewächse auch während der sommerlichen Hitze ausreichend mit Wasser versorgen zu können. Niemand käme auf die Idee, dass das schluchtartige Tal, das den Garten überaus dekorativ durchzieht, keine natürliche Landschaft sein könnte und die riesigen Granitblöcke, die den Schatten liebenden Pflanzen einen fotogenen Hintergrund verleihen, erst mühsam herangeschafft werden mussten.
Um den Garten nach seinen Vorstellungen zu gestalten, reiste Captain McEacharn mehrere Male rund um die Welt und sammelte Pflanzen und Samen aus fünf Kontinenten, insbesondere aus Asien. Zuerst aus seinen Besitzungen in Galloway und später aus England wurden waggonweise Rhododendren und Azaleen angeliefert, denen ganz offensichtlich seine besondere Vorliebe galt und die heute als riesige, farbenfrohe Büsche das Frühlingsbild des Gartens prägend gestalten.

Kleinodien der Botanik

Zu den unzähligen botanischen Schätzen dieses Gartens, für deren Entdeckung man sich die entsprechende Zeit nehmen und am Eingang unbedingt einen

Auf einem der uralten Kastanienbäume wächst ein Rhododendron.

Einst und jetzt

Während des zweiten Weltkrieges wurde dem Gartenfanatiker eine schwere Geduldsprobe auferlegt, musste er doch zwangsweise in seine Heimat zurückkehren und seinen noch jungen Garten einer Vertrauensperson überantworten, die trotz größter finanzieller und politischer Schwierigkeiten und gravierendem Arbeitskräftemangel dafür sorgte, dass Captain McEachern nach seiner Rückkehr im Jahr 1946 sein Lebenswerk ohne allzu große Wunden vorfand. Schon nach kurzer Zeit überschritt der Ruhm des wieder hergestellten Gartens die Grenzen und der alt gewordene Gartenfan gab schließlich die Einwilligung, dem Publikum Einlass in sein bis dato privates Refugium zu gewähren.
Nach seinem Tod fand er seine letzte Ruhestätte in einer kleinen Kapelle inmitten seines Gartens. Heute wird sein Lebenswerk von einer Stiftung verwaltet.

Im Frühling bedecken duftende wilde Alpenveilchen den Waldboden.

Cinnerarien strahlen als farbenfrohe Beetbepflanzung.

botanischen Führer erwerben sollte, gehört im Frühling der seltene Blauglockenbaum *(Paulownia tomentosa)*, von dem Captain McEachern zwei Exemplare bekam, als er 1934 Kew Gardens in London besuchte. Mit ihrem Baldachin aus blauen Blüten umrahmen die beiden riesigen Bäume den ohnehin einzigartigen Blickfang des auf italienisch als Valletta bezeichneten Tälchens, das von einer schottisch anmutenden Steinbogenbrücke elegant überspannt wird. Im Gegensatz zum milden Klima Cornwalls werden die in einem geschützten Gartenbereich gezeigten, sehr frostempfindlichen Baumfarne *(Dicksonia antarctica)* hier zwar im Glashaus überwintert, zu Frühlingsbeginn präsentieren sie aber bereits wieder im Freien das frische Grün des neuen Austriebs. Zu den frühesten Blühern zählen Narzissen, Sasanqua-Kamelien und viele andere Spielarten, wilde Cyclamen, herrliche Magnolien, traumhaft blühende japanische Kirschen und die duftigen rosa Wolken des Hartriegels, von dem viele Exemplare aus den Vereinigten Staaten stammen. Dann folgen wahre Blütenberge von Azaleen und Rhododendren in zum Teil dramatischen Farben und der gewaltige Taschentuchbaum *(Davidia involucrata)*, den man seiner unglaublichen Dimensionen wegen viel älter einschätzen würde, als er tatsächlich ist. Aber im Tessin wächst vieles in etwas anderen Dimensionen, als wir es kennen.

Baumpfingstrosen als Frühlingsattraktion

Vor der in den letzten Jahren neu dazugekommenen Sammlung von Baumpfingstrosen *(Paeonia suffruticosa)* stauen sich regelmäßig die fotografierenden Besucher. Die Paeonien wirken mit ihren herrlichen Blütenbällen in Gelb, Weiß und Rosa bis Dunkelrot aber auch wie aufgeputzte Prinzessinnen auf dem Weg zu einem Ball. Unwillkürlich fängt man bei ihrem Anblick zu überlegen an, ob sich nicht zumindest für eines dieser Prachtstücke irgendwo im eigenen Garten ein geeignetes Plätzchen finden ließe.

Der rosa Hartriegel gehört zu den schönsten Frühlingsblühern.

„Um einen Traum zu verwirklichen, braucht ein Garten nicht groß zu sein.“

(Captain Neil McEacharn)

Farbenprächtige Dahlienschau im Herbst

Für die gewaltigen Besucherscharen, die Tag für Tag mit dem Ausflugsschiff, mit Bus oder Auto kommend durch die einladend geöffneten Tore in den herrlichen Park strömen, hat man von April bis in den Mai hinein eine fast an niederländische Dimensionen erinnernde Tulpenschau zu bieten, die nach dem Verblühen von einer nicht weniger spektakulären Dahlienausstellung abgelöst wird.

Bevor die Gartenpforte über die Wintermonate geschlossen wird, kann man noch das gewaltige Feuerwerk der Natur erleben, wenn sich die riesigen Laubbäume von ihrem in unzähligen Rot- und Gelbtönen aufleuchtenden Blattwerk trennen und durch die dünner und durchsichtiger werdende Belaubung wieder allenthalben den Blick auf das Blau des Sees freigeben, während tausende Herbstblumen den letzten Besuchern in einem grandiosen Abschiedsfinale zu Füßen liegen.

Baumpfingstrosen – ein Stück Tessin

Die auch in privaten Tessiner Gärten recht häufig anzutreffenden, prachtvollen Baum- oder Strauchpfingstrosen *(Paeonia suffruticosa)* gehören sicher zu jenen gärtnerischen Reiseerinnerungen, die man spontan im eigenen Bereich verwirklichen möchte. Mit rund ein bis zwei Quadratmetern Platzbedarf pro Pflanze sind sie dazu auch besonders gut geeignet, da sich selbst in einem kleinen Garten ein geeignetes Plätzchen dafür finden lässt. Nach dem Pflanzen verursachen sie eigentlich über Jahre keine weitere Arbeit und leiden auch nicht unter Schädlingen, was für so manchen unter Zeitnot stehenden Gärtner ein zusätzliches Kriterium für ihren Erwerb sein dürfte.

Baumpfingstrosen – ein Stück Tessin für den eigenen Garten

Ein bißchen Geduld, bitte

Neubesitzer dieser fernöstlichen Pfingstrosengattung sollten sich allerdings mit etwas Geduld wappnen. Denn die aus China stammende und dort seit Jahrtausenden sogar als Zierde kaiserlicher Gärten kultivierte, überaus exquisite Gartenschönheit benötigt schon einige Jahre, bis sie vom gut bleistiftgroßen Steckling annähernd Tessiner Format erreicht.
Gepflanzt wird sie, wie übrigens auch die bei uns besser bekannte Stauden- oder Bauernpfingstrose, am besten im September, was mit dem Wachstumsrhythmus der Pflanze zu tun hat. Man hat also nach dem Kennenlernen im Frühling genügend Zeit zur Planung und liebevollen Bodenvorbereitung, die besonders wichtig ist, da eine Pfingstrose ein Leben lang am gleichen Standort bleiben möchte, so er ihr gut zusagt. Und das kann bei dieser Pflanze eine sehr lange Zeitspanne sein. Übersiedlungsstress schätzt sie überhaupt nicht.
Baumpfingstrosen lassen sich nicht teilen und werden ausschließlich getopft angeboten. In China werden sie inzwischen in großem Umfang angebaut und vermehrt, was den früher doch etwas kaufhemmenden Preis wesentlich gesenkt hat. Außer den gefüllten, deren Blüten bei Regen manchmal fast zu schwer werden und gestützt werden müssen, gibt es auch ganz einfache, wunderschöne ungefüllte Sorten mit dekorativen goldenen Staubgefäßen und interessante, meist gelb blühende Wildformen. Übrigens sind nicht nur die Blüten, sondern auch das bis in den Herbst hinein attraktive Laub der Pfingstrosen eine ausgesprochene Gartenzierde. Es fällt im Herbst von selbst ab.

Ein Platz an der Sonne

Den prächtigen Blütensträuchern, die im Laufe der Zeit je nach Sorte bis zu zwei Meter hoch und ebenso breit werden können, wird man natürlich einen bevorzugten Platz im Garten einräumen.
Sie stehen gerne sonnig bis halbschattig an warmen, geschützten Plätzen, am besten windgeschützt vor einer Mauer, und brauchen einen nährstoffreichen, gut durchlässigen und kalkfreien Boden. Eine gute Drainage ist wichtig, da die Wurzeln keine stauende Nässe vertragen.
Neben der sorgfältigen Pflanzung, bei der man als Vorratsdünger am besten Hornspäne verwendet, ist die richtige Düngung ein wichtiges Kriterium für das Wohlbefinden der Gartenattraktion.
Mit gut abgelagertem Kompost kann man nichts falsch machen, frischen Mist muss man unbedingt vermeiden.

Winterfest

Nur ganz junge Pflanzen brauchen im Winter einen Wurzelschutz aus Rindenmulch, Torf oder Laub, später sind sie völlig frosthart. Im Frühjahr treiben sie überraschend zeitig aus und leiden daher nicht selten unter Spätfrösten, die aber meistens „nur" den Blütenansatz verbrennen. Durch Überstülpen einer Tonne oder eines großen Sacks während frostiger Frühlingsnächte kann man die Knospen aber meistens retten.
Alte Exemplare können übrigens weit über 100 Blüten tragen, die man nach dem Abblühen gleich wegschneidet, damit alle Kraft der Pflanze zugutekommt. Ansonsten an der Pflanze am besten überhaupt nicht „herumdoktern", sie ist pflegefrei!
Erschrecken Sie nicht, wenn der junge Austrieb aus unerfindlichen Gründen einmal absterben sollte, sie wird verlässlich aus „schlafenden Augen" wieder austreiben, so sie tief genug gesetzt wurde und Sie nicht zu früh die Hoffnung aufgeben.

Agapanthus gedeiht bei uns nur als Topfpflanze.

Für ungeduldige Gärtner

So man sorgfältigst darauf achtet, dass die Wurzel schonend behandelt wird und beim Einsetzen in das möglichst große Pflanzloch nicht auseinanderfällt, können Sie als ungeduldiger Gärtner getopfte Pfingstrosen zur Not auch im Frühjahr pflanzen. Falls der im Frühling gekaufte Steckling bereits eine Blütenknospe hat, sollte man diese allerdings schweren Herzens gleich wegschneiden, damit sich die Jungpflanze völlig auf die Wurzelbildung konzentrieren kann.

Monte Palace auf Madeira

Ein Garten in Monte zu sein ist gar nicht so leicht. Vor allem, weil direkt neben der kleinen Wallfahrtskirche, in der Österreichs letzter Kaiser Karl seine Ruhestätte gefunden hat, auch die berühmte Korbschlittenfahrt angetreten werden kann.

Angesichts all dieser touristischen Attraktionen verzichten die meist eiligen Besucher der Insel Madeira nach einem Blick auf die Uhr dann am ehesten auf den Gartenbesuch, geht doch die Audienz beim selig gesprochenen Kaiser weit schneller vonstatten. Dabei kann man unter Garantie von nirgendwo besser beobachten, wie auf einer rasanten Abfahrt über den Caminho do Monte mit den Touristen Schlitten gefahren wird, als von der langen Mauer des Monte Palace-Gartens aus. Und das macht eigentlich mindestens genauso viel Spaß, wie selbst über die glatt polierte Straße hinunter zu rutschen.

Ein Wald aus Baumfarnen und Clivien

Was die Wallfahrt anbelangt, kann man auf einem Rundgang durch den, übrigens typisch für Madeira, an einem ziemlich steilen Hang klebenden Garten, und vor allem beim unerlässlichen anschließenden Aufstieg wieder hinauf zum Eingang, durchaus auch etliche Sünden abbüßen. Aber man könnte alles auch ganz anders sehen. Nämlich, dass es geradezu eine Sünde wäre, diesen herrlichen und in seiner Art wohl

Um Ostern herum blühen unter den Baumfarnen tausende Clivien.

einzigartigen Garten links liegen zu lassen. Vor allem um Ostern herum präsentiert er sich in einer nur als exquisit zu bezeichnenden Farbzusammenstellung von hellem Grün und kräftigem Orange, wenn unter den frischen Austrieben der unzähligen Baumfarne Tausende von frei ausgepflanzten Clivien erblühen. Obwohl der Garten an einem nebligen Tag, wie sie auch in Monte auch ab und zu vorkommen, von einem ganz eigenen, fast magischen Zauber ist, sollte man die Clivienblüte unbedingt an einem sonnigen Tag erleben. Die Sonnenstrahlen dringen ohnehin nur mit Mühe durch den dichten Baumbestand der uralten Lorbeerbäume des oberen Gartenbereiches, der an die legendäre endemische Laurisilva-Vegetation erinnert. Sie hat der Insel zur Zeit ihrer Besiedlung vor über 500 Jahren den Namen „Holzinsel“ eingebracht. Heute wird das eindrucksvolle und höchst ungewöhnliche Gartenbild vor allem von einer unglaublichen Fülle ausladender Baumfarne aus Tasmanien geprägt, wie man sie in dieser Größe und Anzahl vermutlich in keinem anderen Garten Europas erleben kann. Wo die Sonnenstrahlen es schaffen, den Boden zu erreichen, da leuchten die orangen Blüten der zahllosen Clivien wie Reflektoren des Sonnenlichts auf. Es ist ein einzigartiger Anblick, von dem man sich nur schwer trennen kann.

Ein Garten wie eine Bergtour

In vielen Serpentinen und über mit Moos und Algen bewachsene, flache Treppenstufen, wie sie auf Madeira seit jeher gebräuchlich sind, wird der Besucher durch ein enges Tal immer weiter nach unten geführt, vorbei an fremdartig anmutenden kleinen Tempeln, fernöstlichen Steinfiguren und knallrot lackierten Pavillons, an urzeitlichen Brotfarnen *(Cycas)*, Hortensien, Azaleenbüschen und Kamelienbäumen. Irgendwann kommt man auch an den mit bunten Kacheln, den berühmten Azulejos, verkleideten Wänden vorüber, auf denen historische Ereignisse aus der Geschichte Portugals im Großformat dargestellt sind.

Einst und jetzt

Im Jahr 1921 kam Kaiser Karl I. von Österreich ins Exil nach Madeira und lebte mit seiner Familie für kurze Zeit in Monte, wo er 1922 in einer kleinen Seitenkapelle der Wallfahrtskirche in einem schmucklosen Sarkophag zur letzten Ruhe gebettet wurde.
Das unterhalb der Kirche liegende Hotel Monte Palace war bis zum zweiten Weltkrieg eine der besten Adressen der Insel. 1987 erwarb J. M. R. Berardo das vom Verfall bedrohte Anwesen und stellte den renovierten Park als Stiftung der Öffentlichkeit zur Verfügung. Aus Südafrika brachte er eine umfassende Pflanzensammlung, darunter viele Cycas und Proteen, auf seine heimatliche Insel mit, aus China und Japan zahlreiche fernöstliche Attribute. Eine besondere Attraktion des Gartens ist die „Cleopatra Vase“, die als größte Vase der Welt im Guiness-Buch der Rekorde verzeichnet wurde.

Das schönste Panorama von Madeira

Bevor man über immer weitere Treppen nach unten steigt und mit einem Blick über die Schulter gelegentlich vorsorglich abschätzt, wie weit es wohl wieder hinauf sein wird, fasziniert der einfach perfekte Panoramablick über die Bucht von Funchal, die sich wie ein Amphitheater vor einem ausbreitet. Man kann gut verstehen, warum sich jemand gerade diesen Platz ausgesucht hat, um ein Haus zu erbauen.

Strelitzien faszinieren mit ihren eleganten Blüten auch in Madeira.

Ein Gruß aus Südafrika: Proteen in Monte

Weit unten, an der langen Hafenmole liegt das schneeweiße Kreuzfahrtschiff, das viele der Besucher mitgebracht hat, die weiter oben bei den Korbschlitten in einer langen Schlange mehr oder weniger geduldig auf ihre Rutschpartie warten, während der Garten eine unvergleichliche Ruhe und Schönheit anbietet und leicht viel mehr Besucher aufnehmen könnte.

Schwäne mit Villa

Anfang April hängt eine blaulila Glyzinie hunderte blauer Blütentrauben über das Geländer einer der unzähligen Treppen, unter der Wasserfontänen in perlenden Kaskaden in ein von grünen Algen so vollkommen überzogenes Wasserbecken sprühen, dass man das Gefühl hat, man müsste darübergehen können. Ein noch tiefer gelegenes Becken wird von Schwänen mit Eigenheim bewohnt und von neckischen Putten bewacht, deren unschuldige Nacktheit im Laufe der Jahre von grünem Moos züchtig verhüllt wurde.

In anderen, über verschiedene Gartenstufen verteilten Bassins, schwimmen unglaublich dicke Koi mit farbenprächtigen Mustern und schauen die Besucher mit kugelrunden, leicht erstaunten Augen durch die Glasfenster an, als wären diese die eigentliche Attraktion des Gartens.

Ein botanisches Klein-Südafrika

Wem vorzeitiges Aufgeben nicht liegt, der steigt dann noch tiefer hinunter und erlebt den botanisch reizvollsten Teil des Gartens mit südafrikanischer Flora vom Feinsten. Gewaltige Strelitzien, die praktisch das ganze Jahr über blühen und als Nationalblume von Madeira gelten, die südafrikanische Liebesblume mit ihren lange haltbaren, blauen Blütenständen *(Agapanthus)*, schneeweiße Callas, wie sie gemeinsam mit Proteen am Markt von Funchal in Hülle und Fülle angeboten werden. Aus den Mauerritzen quillt üppig das hübsche rosarote Porzellanblümchen *(Saxifragum* x *urbinum)* und untermalt die in einem anderen Bereich gezeigte endemische Flora Madeiras, darunter hüfthoher Madeirastorchschnabel *(Geranium maderense)* und das in einem wunderbaren Blau blühende *Echium candicans*, auch Stern von Madeira genannt.

Der zertretene Boden unterhalb der prachtvoll blühenden Protea-Sträucher lässt erkennen, dass das Blut der Fotografen hier in Wallung gerät. Aber an den Blüten der Nadelkissen-Protea vorbeizugehen, ohne dieses Wunderwerk der Natur ganz aus der Nähe zu verewigen oder der prächtigen Königs-Protea in Form eines Fotos Tribut zu zollen, das gelingt wohl keinem Besucher. Gleich nebenan, wie in der Loge eines Theaters, präsentieren sich im zeitigen Madeira-Frühling unzählige blühende *Cymbidien* mit meterlangen Blütenständen und die auf Madeira sehr beliebten Frauenschuh-Orchideen.

Zur Belohnung ein Glas Madeirawein

Eine kurze Rast im netten Café hat man sich jetzt wirklich verdient, nur sollte man sich nicht zu intensiv zum Verkosten der einheimischen Spezialitäten, vom klassischen Madeirawein bis zum Poncha, dem Zuckerrohrschnaps der Insel, überreden lassen. Sonst könnte sich unter Umständen der Weg bis hinauf zum Eingang etwas in die Länge ziehen. Aber sogar die nüchtern Gebliebenen werden feststellen, dass der Garten auf einmal zwei Gesichter hat und sich im Hinaufsteigen aus einer so völlig anderen Perspektive zeigt, dass man oben angekommen am liebsten noch einmal umdrehen würde. Wenn es die Touristen nur nicht immer so eilig hätten.

Während des Inselwinters blühen im Freien die beliebten *Cymbidien*.

Wenn einem ein Weg zu steil wird, sollte man rechtzeitig umkehren.

Die Baumfarne beschatten die Brücke.

Madeira im Zimmer

Das Riemenblatt *(Clivia miniata)* – bei uns eine anspruchslose Zimmerpflanze – ist typisch für den Garten von Monte Palace. Am Blumenmarkt von Funchal kommt wohl kein Blumen liebender Tourist ohne den Erwerb botanischer Mitbringsel vorbei. Die im Ma-deira-Frühling so begeisternde Clivia, benannt nach einer englischen Herzogin, Lady Clive, bei uns auch als Riemenblatt geläufig, wird womöglich dazu gehören. Oder man ersteht sie, sozusagen als posthume Erinnerung, als herrlich blühende Winterschönheit später beim heimischen Gärtner.

Früher, als unsere Wohnräume noch nicht so stark beheizt wurden, war sie eine überaus beliebte und weit verbreitete Zimmerpflanze. Bei zu warmem Winterstandort setzen ihr Woll- und Schildläuse nämlich arg zu, andererseits bleiben bei zu kühlem Standort die Blütenschäfte gerne stecken und entwickeln sich nicht wünschenswert.

Von Oktober bis Ende Februar möchte sie hell stehen und nur wenig gegossen werden. Sie nimmt gerne mit einem Platz an einem Nordfenster, z. B. im Stiegenhaus, vorlieb. Rund 12° C wären die ideale Winter-temperatur. Die Pflanze sollte möglichst immer am gleichen Standort bleiben und nicht gedreht werden, da sich das Laub sonst in verschiedene Richtungen wendet. Während des Som-mers liebt die Clivie Halbschatten und ca. 20° C. Sie benötigt eine nahrhafte, eher schwere Erde und gleichmäßiges Gießen ohne Staunässe. Clivien kann man durch Kindel leicht vermehren, allerdings schauen umfangreiche alte Stöcke mit zahlreichen Blüten sehr dekorativ aus.

Agapanthus umbellatus fühlt sich im Madeiraklima wohl.

Verliebt in die Liebesblume

Die meisten Besucher Madeiras lernen während ihres Aufenthaltes die aus Südafrika stammende Afrikanische Liebesblume *(Agapanthus umbellatus)* kennen und lieben, die sich im vulkanischen Boden der Insel unglaublich wohlfühlt und entlang der berühmten Levada-Wege geradezu wuchert. Nach Hause gebracht scheint sie zwar auch mit unseren Breitengraden vorlieb zu nehmen, nur mit der Blüte ist das oft so eine Sache. Meistens blüht sie erst, wenn es im Topf richtig eng wird, also erst umsetzen, kurz bevor der Topf gesprengt wird. Auf seinem Überwinterungsplatz will es der Agapanthus nicht zu kalt, 6 bis 10° C wären ideal. Vor allem sollte er hell stehen. Auf dunklen Winterplätzen verliert er das meiste Laub und es dauert dann wieder lange, bis er neu austreibt. Im Frühjahr kräftig düngen. Nach der Winterruhe relativ frühzeitig ins Freie bringen, zuerst halbschattig aufstellen und erst nach einer Woche auf den sonnigsten verfügbaren Platz umräumen, da die Blätter sonst einen Sonnenbrand bekommen. Sollten noch sehr kalte Frostnächte drohen, mit einem alten Leintuch über Nacht abdecken. *Agapanthus* gibt es in verschiedenen Größen, mit hell- oder dunkelblauen oder weißen Blüten. Eine der schönsten Sorten ist *A. praecox* subsp. *orientalis* mit lavendelblauen, dichten Blütendolden an langen Stielen. Für den Garten gibt es auch eine winterharte Art, die aber nicht so spektakulär blüht.

An der prachtvollen Clivien-Blüte hat man lange Freude.

Es war im Frühling des Jahres 1883, die berühmten Apfelbäume der Normandie begannen gerade zu blühen, als der dreiundvierzigjährige Claude Monet irgendwo am Land eine möglichst billige Bleibe für seine recht große Familie finden musste.

Giverny – Gemalte Gartenkunst

Als er im winzigen Dörfchen Giverny unweit der Seine in einem blühenden Obstgarten ein rosarotes Haus mit damals noch grauen Fensterläden entdeckte, von dem er spontan „begeistert und hingerissen" war, wie er einem Freund berichtete, war das nicht nur für Monet, seine zweite Gattin Alice und ihre insgesamt acht Kinder ein großer Glücksfall. Es war sozusagen auch eine Sternstunde für all jene Enthusiasten seiner Kunst, die sich Generationen später in Scharen auf eine Pilgerreise in den inzwischen zu Weltruhm gelangten Garten begeben sollten. Einerseits natürlich aus Kunstbeflissenheit, aber auch aus Gartenbegeisterung und Neugier, um die von Monet so hinreißend dargestellten gärtnerischen Impressionen einmal mit eigenen Augen kennen zu lernen.

Unvergängliche Gartenbilder

Aus seinen vielen, auf Leinwand festgehaltenen, farbenfrohen Gartenbildern ist einem dieser Garten gleich unglaublich vertraut, fast als ob man darin aufgewachsen wäre. „Déja vu" würden die Franzosen dieses Erlebnis wohl nennen, wenn man plötzlich wirklich und wahrhaftig vor der in der Kunstwelt so berühmten, monetgrünen Brücke steht, die sich über einen dunklen, mit unzähligen Seerosen bewachsenen Teich spannt, dessen Lichtreflexionen die Kunstwelt heute noch bewundert. Jede einzelne der wächsernen weißen und rosa Blüten glaubt man wieder zu erkennen.

Die berühmte grüne Brücke verschwindet hinter einem Schleier aus lila Glyzinienblüten.

Die lila blühende, üppige Glyzinie, die mit dem Teich untrennbar verbunden ist, lässt die vielen auf der Brücke stehenden und eifrig fotografierenden Besucher zum Glück dezent hinter einem grünen Schleier verschwinden.
Gleich geläufig sind einem die charakteristisch geformten Bögen der Grand Allee, an denen sich blü-

Die „Monet-Bögen" sind aus dem Garten nicht wegzudenken.

Einst und jetzt

Zum Glück für jene, die sich nach Jahrzehnten der totalen Vernachlässigung Ende der Siebzigerjahre des zerstörten Gartens angenommen und ihn aus amerikanischen Spendengeldern zum Gedenken an Monet rekonstruiert haben, war der Künstler vom Werdegang seines Gartens seinerzeit so begeistert, dass er mit Gleichgesinnten einen lebhaften Briefwechsel führte. Nur so war es möglich, zumindest zahlreiche der von ihm verwendeten Pflanzen ausfindig zu machen, mit deren Hilfe der Magier der Farbe seinen Garten kreierte. Trotzdem benötigten die beauftragten Gärtner drei lange Jahre, bis sie, vom verschlammten Teich und der längst verfault ins Wasser gestürzten Brücke angefangen, bis zu den unzähligen Blumenbeeten alles wieder mit authentischem Gartenleben à la Monet beseelt hatten. Seit 1980 steht der Garten als „Fondation Monet" für Besucher wieder offen.

hende Kletterrosen emporranken, während sich die Kapuzinerkresse mit ihren orangeroten Blüten, genau wie auf vielen farbenfrohen Sommerbildern, üppig über den gekiesten Weg hin ausbreitet. Sogar die flächig ausgepflanzten Pelargonien-Stöcke vor dem so oft gemalten rosa Haus, das von Kunstfreunden nur voll Ehrfurcht betreten wird, gibt es noch immer. Auch die von Monet geliebten Pfingstrosen, die Beete voller Schwertlilien, die inzwischen uralten Holzapfelbäume, ins Wasser herabhängende Weiden und natürlich auch den oft gemalten Massenauftritt farbenfroher Sommerblumen, je nachdem, zu welcher Jahreszeit man seinen Besuch abstattet.

Die Irisblüte verwandelt den Garten in ein Blütenmeer.

Natur ist die Kunst Gottes.

(Dante)

Üppig und einfach zugleich

Begonnen hat alles zuerst eigentlich mit schlichten Gemüsebeeten, in denen der am Land aufgewachsene Monet für seine hungrige Familie Essbares anbaute, bis er sich mit zunehmendem Ruhm und Wohlstand endlich das leisten konnte, woran sein Herz bis an sein Lebensende hängen sollte: farbenfrohe Blumen. Aber auch als wohlhabender Mann blieb er sein Leben lang den ganz einfachen und leicht zu vermehrenden Pflanzen treu, die sein Pinsel mit zauberhafter Leichtigkeit auf die Leinwand bannte, obwohl er längst Stammkunde renommierter Gärtnereien war und sich von weither, sogar bis aus dem damals noch sehr fernen Japan, Pflanzen zusenden ließ. Selbst routinierte Gartenfreunde dürften bei näherem Hinsehen überrascht sein, mit welch einfachen Mitteln Monet seine impressionistischen Gartenbilder zauberte und vielleicht sogar nachschlagen müssen, wie die heute kaum noch gebräuchlichen Pflanzen alle heißen. Und es ist keineswegs auszuschließen, dass auch sie sich, wie einst Monet, in den blassgelben Goldlack *(Erysimum cheiri)* oder in die weißen und zartlila Nachtviolen *(Hesperis matronalis)* verlieben, die im späten Frühling gemeinsam mit dem Judassilberling und unzähligen Blaukissen dem fast schwindlig machenden Massenauftritt tausender blauer und weißer Schwertlilien in verschwenderischer Fülle und Üppigkeit zu Füßen liegen.

Verwöhnt wie die Mätresse des Königs

Seinem Garten, von dem das geflügelte Wort umging, dass er von Monet so verwöhnt würde, wie eine Mätresse von einem König, war der Künstler zutiefst verbunden. Sehr zu dessen Ärger ließ er gelegentlich seinen Kunsthändler sogar wissen, dass er ihm keine neuen Bilder liefern könne, da ihn die Gartenarbeit zu sehr beanspruche, und vertröstete ihn auf die nächsten Regentage.

Ein Garten wie ein Heiligtum

Um das einstige Refugium des begnadeten Künstlers den herbeiströmenden Besuchermassen nicht allzu sehr preiszugeben, haben die Gärtner eine gute

Mohn gehörte zu den Lieblingsblumen von Claude Monet.

Lösung gefunden. Die langen, kiesbestreuten Wege zwischen den von Monet kreierten „Malerbeeten“ im „Clos Normand“ dürfen nicht betreten, sondern, wie andernorts religiöse Heiligtümer, nur umrundet werden. Besonders eindrucksvoll ist wohl ein Frühlingsbesuch, wenn die blühenden Holzapfelbäume, japanische Kirschen und Beete voller Stiefmütterchen, Tulpen, Narzissen, Goldlack und anderen Frühlingsblühern das rosarote Haus in einem Meer aus Blüten fast versinken lassen. Oder die einfach atemberaubende Irisblüte Ende Mai, wenn der Garten seine „blaue Periode“ erlebt und Glyzinien, Azaleen und japanische Strauch-Päonien den Garten in ein Farbenmeer aus unzähligen Blau-, Rosa- und Weißtönen mit goldenen Sprenkeln verwandeln.

Blumengemälde

Den berühmten Monet-Bildern am nächsten kommt die Sommerblüte, die von einer geradezu überwältigenden Fülle, Farbenpracht und Gartensinnlichkeit ist. Unzählige Rosen, Malven, *Cosmeen*, Sonnenblumen aller Art, Dahlien, *Nikotiana*, Königskerzen, Löwenmaul, Zinnien, Bartfaden und Nelken geben jetzt den Ton an.

Aber erst nachdem der Mohn, der als eine der Lieblingspflanzen Monets in den unterschiedlichsten Varianten und in großer Fülle angepflanzt wird, seinen großen Gartenauftritt bis zum nächsten Jahr beendet hat. Bis in den späten Herbst hinein ergeben sich immer neue, prachtvolle Gartenbilder. Mit der

Überreiche Blütenfülle ist das Geheimnis des Monet-Gartens.

flammenden Laubfärbung der im Sommer eher unscheinbaren Amberbäume verabschiedet sich der Garten dann in einem grandiosen herbstlichen Finale, ehe die Jahreszeit beginnt, unter der Monet zeitlebens litt, den Winter.
Aber wir, denen Monet mit seiner Kunst auch heute noch so viel zu geben vermag, haben zum Glück die Möglichkeit, uns von seinen Pinselstrichen auch bei Schnee und Eis durch den unzerstörbaren Garten seiner Fantasie und seines künstlerischen Schaffens geleiten zu lassen.

Ein Garten à la Claude Monet

Wenn Sie einen Garten nach dem Vorbild von Claude Monet anlegen wollen, sollten Sie Mut zu Farbe und großzügiger Vielfalt haben, gerne im Garten arbeiten und nach Möglichkeit ein kleines Glashaus oder einen Wintergarten besitzen, in dem Sie Gartenblumen frühzeitig heranziehen können. Denn viele der von Monet so hinreißend verwendeten ein- und zweijährigen Pflanzen wie Nachtviolen, Goldlack, Lupinen, Mohn, Kapuzinerkresse, Cosmeen oder Sonnenblumen sollten Sie in wirklich üppiger Menge setzen, um das vom großen Meister vorgezeichnete Gartenbild zu erreichen. Und sparen Sie auch nicht mit Kletter- und Strauchrosen.

Garten-Tipp:

Iris eignen sich besonders gut für magere, trockene Böden und sollten alle zwei bis drei Jahre geteilt und versetzt werden, da ihre Blühkraft sonst nachlässt. Schweren Gartenböden kann man etwas Sand beimischen. Da sie nach der Blüte unansehnlich werden, hat ihnen der Gartenzauberer Monet eine Fülle an ein- und mehrjährigen Sommerblumen zur Seite gestellt, die seinen Garten bis zum Frost zu einem Farbentraum machen. Gepflanzt oder geteilt werden Iris am besten im August.

Ein Meer von Irisblüten *(Iris barbata)*, mit dem Giverny alljährlich Ende Mai aufwartet, braucht etwas Geduld, damit sich die an und für sich sehr wüchsige Bart-Iris entsprechend vermehren kann. Pflanzen Sie viele verschiedene Sorten, von Hellblau bis zum dunkelsten Blau, dazwischen aber nach Art der Impressionisten unbedingt auch einige weiße Farbtupfer.

Tipp

Beim Jäten ein altes Leintuch zwischen die Beete legen, dadurch spart man sich viel Aufräumarbeit, hält Wege oder Rasenflächen sauber und kann Ausgejätetes leichter zum Komposthaufen transportieren.

Malerbeete

Unterteilen Sie die zur Bepflanzung vorgesehene Fläche wie Monet in kleine „Malerbeete", länglich, quadratisch oder auch rautenförmig, in denen die Pflanzen farblich harmonierend so gesetzt werden, dass in der Beetmitte jeweils die höchsten Pflanzen wachsen. Nach außen hin werden dann immer niedrigere gesetzt, am Beetrand rundum Bodendecker, wie z. B. Blaukissen, die dem Ganzen wie eine Bordüre einen sauberen Abschluss geben. Mischen Sie bereits beim Pflanzen Frühjahrs-, Sommer-, und Herbstblüher, frostempfindliche Pflanzen können nach den Eismännern nachgesetzt werden. Planen Sie saisonale Farbeffekte. Im Frühjahr könnten Pastellfarben überwiegen, im Sommer und Herbst kräftige, ausdrucksvolle Farben wie Rot, Orange und Gelb.
In kleinen Beeten fällt die anfangs nötige Unkrautbekämpfung auch mit kurzen Armen übrigens viel leichter. Wer ganz authentisch vorgehen möchte, sollte die Wege zwischen den Beeten mit Kies bestreuen. Damit der Kies sich nicht selbständig machen kann, empfiehlt es sich, eine niedrige Sperre rund um die Beete zu legen, die allerdings nicht störend sichtbar sein soll.

Monet verliebte sich sofort in das hübsche Landhaus.

Stütze für Stauden

Hohe Sommerstauden fallen bei Gewitterstürmen leicht um und machen dann das ganze Beet unansehnlich. Stecken Sie, sobald der neue Austrieb ungefähr 30 cm hoch geworden ist, entlaubtes Reisig von Haselnusssträuchern zwischen die Stauden. Damit ein guter Halt gewährleistet ist, sollte es ca. 40 cm tief in den Boden hineinreichen. Ungefähr in der Hälfte der späteren Staudenwuchshöhe knickt man die Äste rechtwinkelig ab und verbindet sie miteinander. Die Stauden überwachsen das Reisig vollkommen und stehen „bombensicher".

130.000 Besucher im Jahr mögen für einen englischen Garten nicht viel sein. Aber Loseley ist in mancher Beziehung einfach anders als andere Gärten und strebt mit vornehmer Zurückhaltung ganz offensichtlich Klasse statt Masse an.

Loseley Park – für immer jung

Adel verpflichtet eben, wie man weiß. Und vermutlich macht gerade diese etwas britisch-elitäre Reserviertheit zumindest einen Teil seines schwer erklärbaren Zaubers für uns, die „vom Kontinent Kommenden“, aus. Die fast greifbare, nur vom Gesumm der Bienen und Hummeln unterbrochene, wunderbare Stille, in der man den Flügelschlag der vielen von Blüte zu Blüte fliegenden Schmetterlinge zu hören vermeint und den Duft der Rosen genießt, lässt einen den hektischen Trubel der nahegelegenen Weltmetropole London völlig vergessen. Beinahe klösterlich wirkt der von altehrwürdigen Gebäuden umrahmte und von sauber beschnittenen Hecken unterteilte Garten auf seine Besucher.

Die Handschrift von Gertrude Jekyll

Von den Fenstern des historischen Herrenhauses aus der Zeit von Elizabeth I., das von ihr im Jahre 1570 besucht wurde, kann man den Garten in seiner Gesamtheit und gärtnerischen Vielfalt überblicken, während sich das wunderbare, alte Herrenhaus selbst von allen Gartenbereichen aus optisch präsent gibt.
Dominierend und beschützend lugt es immer wieder über die grünen Hecken und durch die raffiniert angelegten Sichtachsen der verschiedenen Gartenbereiche.

Eines der vielen Ton in Ton bepflanzten Beete im Rosengarten.

Viele Besucher werden bei ihrem ersten Kontakt den eigentlichen Garten zuerst gar nicht entdecken und den Lakeside Walk, die herrlichen Alleen und weitläufigen Wiesengründe mit dem uralten Baumbestand als den Park von Loseley betrachten, was in gewisser Weise sogar stimmt. Aber da wartet noch viel mehr auf seine Entdeckung durch gartenbegeisterte Besucher. Nämlich ein an Jahren zwar uraltes, im Herzen aber immer jung gebliebenes und voll von begeisternden Inspirationen steckendes, wunderbares Gartenrefugium voller Überraschungen.
Der mit rund 10.000 m² für englische Verhältnisse nicht allzu groß dimensionierte „Walled Garden", der eigentliche Garten von Loseley, liegt, zuerst fast unsichtbar verborgen, wohlbehütet hinter einer gewaltigen, ebenfalls aus dem 15. Jahrhundert stammenden, rostroten Ziegelmauer. Er wurde von niemand geringerem als der Grande Dame der englischen Gartenkunst, Gertrude Jekyll, entworfen und trägt mit seinen sehr ungewöhnlichen Blumenkombinationen, zum Beispiel der üppigen Verwendung der Wolfsmilch, noch immer ihre unverkennbare, eigenwillige Handschrift.
Unwillkürlich fällt einem beim Anblick dieser wuchtigen Gartenmauer, in der es nur eine kleine versteckte Pforte gibt, die einem Einlass in den Garten gewährt, Oscar Wilde's bezauberndes Märchen vom selbstsüchtigen Riesen ein, in dessen Garten es immer Winter ist, bis ein kleines Kind die Gartenmauer zu überwinden vermag. Wie schön, dass die Besitzer die kleine Tür zu dieser Gartenköstlichkeit für uns immer geöffnet haben und sie großherzig mit uns teilen.
In den letzten 15 Jahren wurde der Garten einem gründlichen Facelifting unterzogen, einer umfassen-

Diese Austin-Rosenzüchtung heißt „Gertrude Jekyll".

Gertrude Jekyll

Gertrude Jekyll, die ihre gärtnerische Handschrift auch in Loseley hinterlassen hat, lebte von 1843 bis 1932. Zur Malerin ausgebildet, beschloss sie, wegen eines Augenleidens die gärtnerische Laufbahn einzuschlagen. Über 400 Gärten in England, auf dem Kontinent aber auch in den USA verdanken ihre Entstehung ihrer besonderen schöpferischen Begabung. Viele davon entstanden in Zusammenarbeit mit dem Architekten Edwin Lutyens. Mit einem überaus feinen Gefühl für Farben und Formen entwickelte sie das Anlegen von Staudenbeeten zu einer künstlerischen Disziplin und schuf Bilder aus Pflanzen, die heute wieder von großer Aktualität sind. In über 1.000 Artikeln in verschiedenen Gartenzeitschriften gab sie auch praktischen Unterricht im Gärtnern. Von ihr stammt der Ausspruch: „Die Liebe zum Gärtnern ist eine Saat, die – einmal gesät – niemals stirbt."

Blühende Wolfsmilch prägt den sommerlichen Blumengarten.

Einst und jetzt

Loseley wurde auf den Fundamenten eines früheren Hauses von 1562 bis 1568 während der Regierungszeit von Elizabeth I. erbaut. Der verwendete Stein ist rund 860 Jahre alt und kam von einer ehemaligen Abtei, die von Heinrich VIII. während der Reformation niedergerissen worden war. Einen Garten dürfte es hier wohl schon immer gegeben haben. Loseley Park ist im Familienbesitz, 1998 wurde er Michael More-Molyneux, dem derzeitigen Inhaber, von seinem Vater überantwortet. Nicht nur die fast 600-jährige Familiengeschichte der More-Molyneux, vor allem der wunderbare Garten machen den Besuch dieses als „Stately Home" selbst für englische Verhältnisse sehr hoch klassifizierten Ansitzes zu etwas Besonderem.

den Renovierung, wie es ab und zu selbst in einem historischen Garten erforderlich ist, da auch Pflanzen, so wie alles Leben auf der Erde, irgendwann ihr Ablaufdatum erreicht haben. Zum Glück geschah das aber sehr behutsam und mit großem Einfühlungsvermögen. Trotz der Erneuerung hat man die vielhundertjährige Seele des Gartens nicht zerstört. Dafür sorgt schon die historische Kulisse des alten Stallgebäudes mit seiner wunderbaren Fachwerkfassade, das den Garten gegen Norden hin abschließt und vor kalten Winden schützt.

Ein prämierter Rosengarten

Der preisgekrönte klassische Rosengarten beherbergt eine Sammlung von über 1.000 Rosenstöcken. Der Großteil davon sind so genannte alte Rosen. Man entdeckt aber auch viele von David Austin gezüchtete Berühmtheiten, darunter natürlich die rosarote 'Gertrude Jekyll', fraglos eine der besten seiner Rosenschöpfungen, oder auch 'Braithwaite' mit ei-

Loseley beherbergt einen aufregend schönen Kräutergarten.

nem nur als aufregend zu bezeichnenden Rot, und die pfingstrosenblütige 'Brother Cadfael' oder die weiße 'Winchester Cathedral'.

Alle sind farblich wohl geordnet, überaus harmonisch aufeinander abgestimmt und von sauber geschnittenem Buchs wie mit einem grünen Bilderrahmen umgeben. Um den Beeten mehr Struktur zu verleihen, hat man Gruppen von niedrigen Rosen sehr einfallsreich durch ausladende Strauchrosen unterbrochen, was dem Garten die Strenge rein geometrisch angelegter Rosenpflanzungen vollkommen nimmt und ihn überaus charmant und verspielt macht. In einem der vielen Beete entdeckt man plötzlich den Zauber karmesinroter Rosen, wie 'Charles de Mills', 'Karthause von Parma', 'William Lobb' oder 'William Shakespeare' von David Austin, die alle einen einfach betörenden Duft ihr Eigen nennen und deren dekorativen Wert man in Rosenkatalogen leicht unterschätzt. Spätestens jetzt wird unter Garantie ein Notizzettel herausgekramt und eifrig notiert, womit man später im eigenen Garten ein bisschen englisches Gartenflair schaffen möchte.

Exquisite Gartenräume

Wie in vielen Gärten Englands hat Gertrude Jekyll auch hier zur Gestaltung des völlig ebenen Gartengeländes seinerzeit eine Unterteilung in kleine „Gartenräume" vorgenommen, die sich, von den Fenstern des Hauses aus gesehen, wie ein bunter Teppich vor einem ausbreiten. Einer davon beherbergt einen unglaublich schönen und vielseitigen Kräutergarten, ein wahres „who is who" der Botanik, in dem sich die Kräuter zu ihrer wahren Größe entwickeln dürfen, was erstaunliche Resultate zeigt.

Man entdeckt aber auch einen sehr an Sissinghurst erinnernden weißen Garten mit einem eleganten Springbrunnen als Mittelpunkt. Der so genannte Blumengarten wiederum weist eine Fülle ganz einfach exquisiter Pflanzen auf, von denen im Frühsommer die seltsamen Blüten und später die Samenstände der vielen Wolfsmilcharten, besonders der

Das attraktive Brandkraut flankiert den Blick auf das Herrenhaus.

Zu schön, um wahr zu sein ist der rot-weiß geränderte Mohn.

Ein Garten sollte mehr Freude als Arbeit machen, dann ist er richtig angelegt.

Palisadenwolfsmilch *(Euphorbia characias* subsp. *wulfenii)* auffallen, die sich hier in großen Mengen selbst aussäen darf. Zum blau blühenden *Ceanothus*-Strauch, der bei uns leider nicht frostharten Säckelblume, bilden sie einen aufregenden Kontrast. Auch das in unseren Gärten eher selten anzufindende hohe Brandkraut *(Phlomis grandiflora)* setzt im geschützten Kleinklima dieses Gartens mit seiner gelben Blütenmasse dramatische Akzente.
Anhänger von Gertrude Jekyll werden darüber nicht überrascht sein, ist doch jeder Garten dieser grünen Gestaltungskünstlerin von anderen, immer aber eher ungewöhnlichen und allgemein eher unterschätzten Pflanzen dominiert.

Attraktives Gemüse

Dass auch eine Gemüseanpflanzung schön und vor allem ein Experimentierfeld ohne Schranken sein kann, zeigt man im streng nach biologischen Richtlinien arbeitenden, weitläufigen Gemüsegarten. Die unzähligen hier gezeigten Tipps und Tricks für erfolgreiches Gemüsegärtnern machen spontan Lust auf eigenes Werken. Dass der auf langen Beeten gezüchtete knallrote Mohn mit dem weißem Randstreifen eine gewaltige Show abzieht, scheint eigentlich ganz unbeabsichtigt zu sein. Wer ihn allerdings in der Fülle seiner hundertfach andersfarbigen Brüder und Schwestern entdeckt, fühlt sich fast so erfolgreich, wie ein Pflanzenjäger vergangener Tage.
Das über der inneren Tür der Eingangshalle hängende Motto: „Ich verschließe dieses Haus nur vor Neidern, für Freunde steht es immer offen." mag als Motto auch für den Garten gelten. Neid dürfte bei den

Gartenbesuchern eigentlich nicht aufkommen, dafür macht ein Garten und generell ein Anwesen dieser Art und enormen Größe ganz einfach zu viel Arbeit und wohl auch Sorgen. Aber auch ohne diesen Spruch gelesen zu haben, fühlt man sich angesichts der hier immer offenen Gartentür spontan als Freund willkommen geheißen.

Von Gertrude Jekyll lernen

Einen erstaunlichen und keineswegs aufwändigen Knalleffekt können Sie Ihrer Gartengestaltung verleihen, wenn Sie eine attraktive Pflanze sozusagen zum Leitmotiv Ihrer Sommerpflanzung machen. Sie werden damit unter Garantie viel Bewunderung erfahren und Nachahmer finden. Dazu geeignet sind relativ hoch werdende und rasch wachsende Pflanzen oder solche mit besonders attraktivem Laub, wie Funkien oder Bergenien, die von Gertrude Jekyll besonders häufig verwendet wurden. In unserem Klima käme zum Beispiel die gut 2 Meter hoch werdende Eselsdistel (*Onopordium acanthium*), die sich von Jahr zu Jahr selbst aussät, in Frage, die zweijährige Königskerze, der ausdauernde Meerkohl (*Crambe cordifolia*), Malven und viele andere. Attraktiv wäre auf einem geschützten Platz auch der Acanthus, der allerdings etwas Winterschutz braucht.

Kreativ und konsequent

Konzentrieren Sie sich jeweils aber wirklich nur auf eine bestimmte Pflanzengattung, die Sie in großer Stückzahl setzen. Wenn die Pracht unansehnlich zu werden beginnt oder des allzu reichlichen Samenansatzes wegen abgeschnitten werden muss, wie das bei der Distel der Fall ist, sollte sie von einer anderen Blütenwelle abgelöst werden. Den Abschluss könnte

Blühende Wolfsmilch dominiert im Sommer.

eine pastellfarbene Wolke aus Blüten der hohen, winterharten Astern bilden. Eignen würden sich die standfeste Sternwolkenaster *(Boltonia latisquama Snowbank)* und die unzähligen Raublattastern, die rechtzeitig eine Stützhilfe bekommen müssen, die hohen Herbstanemonen oder die hochwüchsigen *Helianthus*-Arten, zu denen auch der Topinambur *(Helianthus tuberosus)* mit essbaren Wurzeln zählt. Für derartig „hohen" Besuch muss der Garten aber die entsprechende Größe haben. Besuchen Sie (möglichst mit leerem Kofferraum und in aller Ruhe) einmal im Sommer eine Staudenspezialgärtnerei. Sie werden Erstaunliches entdecken!

Reisetipps

Derreen Garden

Lage: Der Garten von Derreen liegt 24 km westlich von Kenmare/County Kerry, Irland, nahe der R 571.
Öffnungszeiten: Von April bis Oktober täglich von 10 bis 18 Uhr; im August von Montag bis Donnerstag nur nach Anmeldung.
Beste Besuchszeit: April bis Juni.
Zeitaufwand: rund 2 Stunden.
Services: Gute Zufahrt auch für Busse, großer Parkplatz. Für Rollstuhlfahrer nur zum Teil geeignet. Ein nahe gelegenes Café ist nur ab und zu geöffnet.
Kontaktadresse: Derreen Garden, Lauragh, Killarney, Kerry, Ireland; Tel. +353/6483588, www.gardensireland.com/derreen-garden.html

Elsing Hall

Lage: Elsing Hall ist ein privater Garten und liegt nicht auf dem Präsentierteller für eilige England-Touristen. Von London aus (günstigster Flughafen Stansted) fährt man über Cambridge nach Norwich und über die A 1067 ca. 20 km in Richtung Fakenham.
Öffnungszeiten: nur nach Anmeldung!
Beste Besuchszeit: Anfang bis Mitte Juni.
Zeitaufwand: 2 Stunden.
Services: Mit großen Bussen ist die Zufahrt schwierig, aber nicht unmöglich. Es gibt ausreichend Parkplatz. Melden Sie sich vor einem Besuch bitte unbedingt an. Tee und Scones nach Vereinbarung.
Kontaktadresse: Elsing Hall Gardens, Elsing, Norfolk NR20 3DX, England. Tel. +44/1362/637224

Rund um Elsing Hall

Auf der Anfahrt könnten Sie nahe Attleborough den Rosenzüchter Peter Beales besuchen. In der Nähe liegen auch das Königliche Schloss von Sandringham und die Lavendelfelder von Heacham.

Exbury

Lage: Der Rhododendron-Park von Exbury liegt nahe Southampton, England und ist von London aus über die M 3 / M 27 erreichbar.
Öffnungszeiten: täglich von 10 bis 17.30 Uhr, zur Hochblüte abends längere Öffnungszeiten.
Beste Besuchszeit: von Mitte April bis Mitte Mai, attraktiv ist aber auch die herbstliche Laubfärbung Ende Oktober.

Zeitaufwand: 2 bis 3 Stunden.
Services: Am Eingang gibt es ein Restaurant, im Park eine kleine Versorgungsstation. Souvenirgeschäft und Pflanzenverkauf. Behindertengerechte Ausstattung.
Kontaktadresse: Exbury Gardens, The Estate Office, Exbury, Southampton, Hampshire SO45 1AZ, England; Tel. +44/23 8089 1203, www.exbury.co.uk

Frühling in Schottland

Besuchen Sie speziell bei einem Frühlingsbesuch in Schottland auf der Fahrtstrecke auch die privaten Attadale-Gardens bei Strathcarron und Branklyn Gardens bei Perth (ebenfalls National Trust for Scotland) mit besonders viel blauem Mohn.

Giverny

Lage: Giverny liegt rund 100 km westlich von Paris an der Seine, nahe Vernon, Frankreich. Mit der Bahn erreichbar ab Paris, Bahnhof St. Lazare, bis Vernon und dann mit dem öffentlichen Bus nach Giverny.
Öffnungszeiten: von 1. April bis 31. Oktober, außer Montag, an allen Tagen von 9.30 bis 18 Uhr. Letzter Eintritt 17.30 Uhr.
Beste Besuchszeit: Ende Mai.
Rechnen Sie bei einem Wochenendbesuch Wartezeiten von ein bis zwei Stunden ein.
Zeitaufwand: rund 2 Stunden.
Services: Behindertengerechte Ausstattung. Der große Parkplatz (auch für Busse) ist ca. 200 m entfernt, außerhalb des Gartens gibt es ein kleines Café, das gelegentlich sehr überlaufen ist.
Kontaktadresse: Fondation Claude Monet, 84 rue Claude Monet, 27620 Giverny, Frankreich; Tel. +33/2 32 51 28 21; www.fondation-monet.com

Inverewe

Lage: Inverewe liegt an der Westküste des schottischen Hochlandes in der Nähe von Gairloch. Anfahrt von Inverness aus über Kinlochewe, von Oban aus über Kyle of Lochals.
Öffnungszeiten: ganzjährig täglich geöffnet, von März bis Oktober von 9.30 bis 21 Uhr (je nach Sonnenuntergang).
Beste Besuchszeit: von Ende Mai bis Ende August.

Zeitaufwand: Im Frühling Besuchsdauer mindestens 3 Stunden, sonst ca. 2 Stunden.
Services: Der Garten ist behindertengerecht adaptiert, aber nur teilweise mit dem Rollstuhl befahrbar. Am Eingang gibt es ein Restaurant.
Kontaktadresse: Inverewe Garden, Poolewe, Rosshire IV22 8XA, Scotland, UK, Tel. +44/1445/781200.

Sommertipp

Bei einem sommerlichen Besuch in Inverewe sollten Sie wegen der quälenden Mücken (midges) Handschuhe mitbringen, damit Sie nicht erbarmungslos zerstochen werden.
Einen Kopfschutz, wie ihn auch die Gärtner von Inverewe tragen, können Sie im Shop erwerben. Im Gartenbereich entlang des Meeres gibt es praktisch keine Mücken, dafür unter den Bäumen.

Kirstenbosch

Lage: Der Botanische Garten Kirstenbosch liegt 13 km vom Stadtzentrum von Kapstadt entfernt in Richtung Muizenberg und ist erreichbar über den De Waal Drive (M3) und Rhodes Drive (M63).
Öffnungszeiten: ganzjährig von 8 bis 19 Uhr.
Beste Besuchszeit: Oktober bis November sind ideale Reisemonate.
Zeitaufwand: mindestens 3 Stunden, auch ein ganzer Tag.
Services: Die Vereinbarung einer Führung durch den sehr großen Garten wird empfohlen. Am Eingang gibt es ein Restaurant.
Kontaktadresse: National Botanical Garden, Cape Town, South Africa, Rhodes Drive, Newlands, Private Bag X7, Claremont, Tel. +27 21 799 8899, http://www.sanbi.org/frames/kirstfram.htm

Das Klima auf der Südhalbkugel

Die Klimaverhältnisse sind in Südafrika sehr unterschiedlich. In der Kapregion (Kapstadt) beginnt im September der Frühling. Um diese Zeit kann es jedoch noch relativ kühl und regnerisch sein. Oktober bis November sind ideale Reisemonate, allerdings ist dann die berühmte Blüte der Wildblumen z. B. im Namaqualand bereits vorüber.

Noch mehr Tulpen!

Wer Tulpen & Co liebt, deren Pracht genießen und womöglich auch noch ungestört fotografieren möchte, sollte nach Möglichkeit ganz zeitig am Morgen kommen. Also Augen zu und nichts wie durch und besser erst auf dem Rückweg durch die farbenprächtigen, fast unendlich scheinenden Tulpenfelder der Bollenstrek auf einen Fotostopp haltmachen. Die Millionen von Tulpen in allen nur vorstellbaren Farben, die von den niederländischen Zwiebelzüchtern auf riesigen Feldern rund um den Keukenhof wie anderswo Krautköpfe oder Kartoffeln herangezogen werden, laufen einem bestimmt nicht davon.

Keukenhof

Lage: Der Keukenhof liegt in der Blumenzwiebelregion Lisse zwischen Amsterdam und Den Haag, Niederlande.
Öffnungszeiten: um den 20. März bis ca. 20 Mai (kann sich etwas verschieben) und ist täglich von 8 bis 19.30 Uhr geöffnet.
Beste Besuchszeit: Die Hauptblütezeit wird von der Natur bestimmt, sie liegt zwischen Mitte April und Mitte Mai.
Zeitaufwand: mindestens 3 Stunden bis ein ganzer Tag.
Services: behindertengerechte Ausstattung. Viele Verpflegungsmöglichkeiten im Park.
Kontaktadresse: Keukenhof , Stationsweg 166a, NL-2161 AM Lisse, Niederlande,
Tel. +31 (0) 252 465 555, www.keukenhof.nl

Loseley Park

Lage: Loseley Park liegt südwestlich von London, England und ist über die M 23 / A 3 erreichbar.
Öffnungszeiten: von 1. Mai bis September. Das Haus kann Dienstag, Donnerstag und Sonntag im Rahmen einer Führung besichtigt werden.
Beste Besuchszeit: Juni
Zeitaufwand: mindestens 2 Stunden.
Services: Behindertengerechte Ausstattung, am Eingang befinden sich ein Café und ein Shop. Gute Zufahrt für Busse, großer Parkplatz
Kontaktadresse: Loseley Park Estate Office, Guildford, Surrey GU3 1HS,
Tel. +44 (0)1483 304440, www.loseley-park.com

Lost Gardens of Heligan

Lage: Die Lost Gardens liegen an der Ostküste von Cornwall südlich von St. Austell.
Öffnungszeiten: Während des ganzen Jahres täglich von 9 bis 18 Uhr.
Beste Besuchszeit: Mai bis Oktober
Zeitaufwand: für alle Gartenbereiche (setzt gute Kondition und rutschfestes Schuhwerk voraus) 3 bis 4 Stunden.
Services: Zufahrtsmöglichkeit für Busse, großer Parkplatz. Für Gruppen Anmeldung unbedingt erforderlich. Am Eingang Café- Restaurant, Souvenirgeschäft, Pflanzenverkauf. Für Behinderte nur teilweise geeignet, kostenloser Rollstuhlverleih. Wer keine steilen Wege gehen kann, sollte sich auf den oberen Gartenbereich beschränken (2 Stunden).
Kontaktadresse:
The Lost Gardens of Heligan, Pentewan, St.Austell, Cornwall, Großbritannien, PL26 6EN,
Tel. /Fax +44(0)1726 845100,
www.info@heligan.com

Das Tor nach Südostasien

Singapur gilt unter Reisenden als Südostasien im Kleinen, als Stadt für Asieneinsteiger, die zwar die kulturelle Vielfalt auf "der anderen Seite des Globus" kennen lernen möchten, ohne jedoch auf westliche Standards verzichten zu müssen. Sauberkeit und Sicherheit sind wichtige Kriterien des von rund 3 Millionen Menschen (Malaien, Chinesen, Inder und Europäer) bevölkerten Stadtstaates. In den letzten Jahren hat man große Investitionen in Richtung Gartentourismus getätigt, mit denen sich die boomende Stadt in Äquatornähe vom "Stop-over"- Programmpunkt des internationalen Flugtourismus zum attraktiven Highlight für Freunde der faszinierenden tropischen Botanik etablieren möchte. Zusätzlich zum Mandai-Garten kann man im Botanischen Garten von Singapur nahe der Orchard Road eine umfangreiche Sammlung seltener Orchideen-Wildformen besichtigen.

Mandai-Garten, Singapur

Lage: Singapur
Öffnungszeiten: Montag von 8 bis 18 Uhr, Dienstag bis Sonntag von 8 bis 19 Uhr, ganzjährig.
Beste Besuchszeit: günstig ist z. B. Oktober. (Monsunzeiten beachten)
Zeitaufwand: mindestens 2 Stunden.
Services: Im Eingangsbereich gibt es ein Café.
Kontaktadresse: Singapore Orchids Pte Ltd, Mandai Orchid Garden, 200 Mandai Lake Road, Singapore 729827 , Tel: +65 6269 1036 ; www.mandai.com.sg

Monte Palace

Lage: Madeira, die Insel des ewigen Frühlings, erreicht man in rund 4 Stunden Flugzeit ab Wien oder von deutschen Flughäfen aus. Am einfachsten erreicht man den 600 m über dem Meer liegenden Luftkurort vom Hafen von Funchal aus mit der Seilbahn oder mit dem öffentlichen Bus.
Öffnungszeiten: Täglich von 9 bis 18 Uhr.
Beste Besuchszeit: Februar bis Mai
Zeitaufwand: mindestens 2 Stunden.
Services: für Behinderte wegen des steilen Geländes leider ungeeignet. Kleines Café am tiefsten Punkt des Gartens.
Kontaktadresse: Monte Palace Tropical Garden, Caminho do Monte n.º 174, 9050 - 288 Funchal, Madeira, Portugal, Tel. +351 291 74 26 50; www.montepalace.com

Wallfahrerfest

Den 14. und 15. August sollte man tunlichst für einen Besuch von Monte Palace vermeiden. An diesen Tagen findet nämlich, begleitet von einem unbeschreiblichen Verkehrschaos, die größte Wallfahrt der Insel statt, bei der Pilger die Stufen zur Kirche auf ihren Knien hoch rutschen.

Die blaue Stunde

Teilen Sie Ihren Besuch nach Möglichkeit so ein, dass sie die an Besuchern ärmeren späten Nachmittagsstunden genießen können. Die Atmosphäre des Gartens ist dann einzigartig!

Sissinghurst

Lage: Sissinghurst liegt in der südöstlich von London gelegenen Grafschaft Kent, England, nahe Maidstone, und gehört zum Imperium des National Trust.
Öffnungszeiten: von Mitte März bis Ende Oktober täglich von 11 bis 18.30 Uhr, Mittwoch und Donnerstag ist geschlossen.
Beste Besuchszeit: Am perfektesten ist der Garten im Juni. Er ist aber auch zu jeder anderen Zeit eine Reise wert.
Zeitaufwand: 3 Stunden.
Services: Der Garten ist wegen mehrerer Stufen für Behinderte nur bedingt geeignet. Gruppen müssen unbedingt angemeldet werden. Gute Parkmöglichkeit auch für Busse. Das Café liegt außerhalb des Gartens.
Kontaktadresse: Sissinghurst Castle Garden, Sissinghurst, nr Cranbrook, Kent TN17 2AB, UK, Tel. +44(0)1580 710700, sissinghurst@nationaltrust.org.uk

Villa Taranto

Lage: Der Garten der Villa Taranto liegt am Südwestufer des Lago Maggiore, Italien, in der Nähe von Verbania/ Pallanza und hat im Rahmen des gut funktionierenden Pendelverkehrs der Navigatione Lago Maggiore zu den Borromäischen Inseln eine eigene Anlegestelle.
Öffnungszeiten: von Ende März bis Ende Oktober, täglich von 8.30 bis 18.30 Uhr.
Beste Besuchszeit: Schönste Blütezeit Mitte April bis Mitte Mai.
Zeitaufwand: mindestens 2 Stunden.
Services: Das Gelände ist fast zur Gänze rollstuhltauglich. Gastronomie im Eingangsbereich. Bei starkem Andrang beschränkte Parkmöglichkeit, gute Zufahrt auch für Busse.
Kontaktadresse: Ente Giardini Botanici Villa Taranto, I-28922 Verbania Pallanza (VB), Tel. & Fax +39 0323 556667, www.villataranto.it

Literaturtipps

Von Gerda Walton sind bereits folgende Bücher erschienen:
Die blaue Gartentür, Verlag Berenkamp Innsbruck
Garteln in Tirol, Tyrolia-Verlag Innsbruck-Wien
Gegartelt & gekocht, Verlag Berenkamp Innsbruck

Pflanzenregister

In der fremdsprachigen Ferne lernt man die „blumenlateinischen" Bezeichnungen plötzlich sehr zu schätzen, da es oft nur mit ihrer Hilfe gelingt, Pflanzen eindeutig zu identifizieren. In diesem Buch wurden sie teils angeführt, aber nur dort, wo der Lesefluss dadurch nicht allzu sehr unterbrochen wird. Dafür finden Sie hier zu Ihrer genauen Information eine Auflistung aller erwähnten Pflanzen.

Azaleen, japanische (*Rhododendron molle* ssp. *japonicum*) 73
Aeschynanthus (*Aeschynanthus*) 14
Afrikanische Liebesblume (*Agapanthus umbellatus*) 95, 97
Afrikanische Liebesblume (*Agapanthus. praecox* ssp. *orientalis*) 57, 95, 97
Akanthus (*Acanthus mollis*) 113
Akazie, australische (*Acacia pravissima*) 78
Alpenveilchen (*Cyclamen repandum*) 86
Amaryllis (*Amaryllis*) 29
Artischocke (*Cynara cardunculus*) 53
Azalee (*Azalea*) 17, 62ff, 68, 74, 78, 84, 86, 93, 103

Bambus (*Phyllostachys*-spp., *Fargesia* spp.) 44, 71, 79, 81
Bärlauch (*Alllium ursinum*) 47
Bartfaden (*Penstemon* spp.) 47, 48, 53, 103
Bartiris (*Iris barbata*) 104
Baum-Rhododendron (*Rhododendron arboreum*) 70, 77
Baumfarn (*Dicksonia antarctica*) 47, 69, 71, 78, 81, 86, 92, 93
Baumpfingstrosen (*Paeonia suffruticosa*) 86ff.
Bittermandeln (*Brabejum stellatifolium*) 21, 22
Blaue Vanda - Orchidee (*Vanda coerulea*) 16
Blauglockenbaum (*Paulownia tomentosa*) 86
Blaukissen (*Aubrieta*) 102, 104
Blauschwingelgras (*Sesleria varia*) 57
Blaustern (*Scilla sibirica*) 33
Bleiwurz (*Plumbago*) 22
Bluebells (*Hyacinthoides non-scripta*) 47
Brandkraut (*Phlomis grandiflora*) 38, 111, 112
Brassia-Orchidee (*Brassia*) 15
Brotfarne (*Cycas*) 21, 93
Buschmalven (*Malva* spp.) 53

Calla (*Zantedeschia aethiopica* 'Crowborough') 22, 23, 53, 54, 63, 95
Camellia- 'Donation' 62
Cattleya-Orchidee (*Cattleya*) 17
Chilenische Myrte (*Myrtus luma*) 69
Chusan-Palme (*Trachycarpus fortunei*) 47, 69
Cinnerarien (*Cineraria hybrida*) 86
Climber-Rosen 52
Coelogyne-Orchidee (*Coelogyne*) 15
Columneen 14
Currykraut (*Helichrysum italicum*) 57

Dahlien (*Dahlia*) 87, 103
Dendrobien-Orchideen (*Dendrobium*) 13
Diptam (*Dictamnus albus*) 54
Dost (*Origanum vulgaris*) 81

Eselsdistel (*Onopordium acanthium*) 49, 57, 113
Etagenprimel (*Primula* 'Inverewe') 63, 71, 81
Etagenprimel (*Primula bulleyana*) 71
Everlasting (*Edmondia sesamoides*) 81

Federmohn (*Macleya cordata*) 49, 54, 57
Frauenschuh-Orchideen (*Cymbidien*) 95
Frauenschuh-Orchideen (*Cypripedium*- Hybriden) 95
Frauenschuh-Orchideen (*Paphiopedilum* spp.) 15
Funkien (*Hosta* spp.) 113

Gartengänsekresse (*Arabis* spp.) 57
Gazanien (*Gazanium*) 22
Geißblatt (*Lonicera* spp.) 49
Gelenksblumen (*Physostegia*) 54, 57

Gewürzfenchel (*Foeniculum vulgaris*) 38
Ginkgo (*Ginkgo biloba*) 47
Glanzmispel (*Photinia serrulata*) 78
Glockenblumen (*Campanula* spp.) 54, 57
Glockenblumen, niedrige (*Campanula portenschlagiana*) 33
Glyzinie (*Wisteria chinensis*) 49, 94, 101, 103
Goldkolben (*Ligularia dentata*) 81
Goldlack (*Erysimum cheirii*) 102, 104

Haselwurz (*Asarum europaeum*) 73
Hechtkraut (*Pontederia cordata*) 81
Heiligenkraut (*Santolina* spp.) 57
Herbstanemonen (*Anemone-Japonica*) 57, 113
Herkulesstaude (*Heracleum mantegazzianum*) 41
Hohes Knabenkraut (*Dactylorhiza* x *grandis*) 53
Holzapfelbaum (*Malus sylvestris*) 101, 103
Honigstrauch (*Melianthus major*) 54
Hornkraut (*Cerastium*) 57
Hortensien (*Hydrangea* spp.) 93

Indianernessel (*Monarda*) 53, 57
Indinanernessel (*Monarda* 'Snow Queen') 57
Iris, Schwertlilien (*Iris* spp.) 52, 54, 57, 81, 102ff.

Kalmien, Lorbeerose (*Calmia* spp.) 79
Kamelien (*Camellia* spp.) 62, 68, 78, 93
Kamille (Chamomilla *matricaria*) 38, 55
Kampferbäume (*Cinnamomum camphora*) 21
Kapuzinerkresse (*Tropaeolum majus*) 101, 104
Kirschen, japanische (*Prunus serrulata*) 69, 86, 103
Kletterrosen (*Rosa*) 36ff., 41, 104
Knabenkraut (*Dactylorhiza* spp.) 17
Knöterich (*Polygonum* spp.) 81
Königsfarn (*Osmunda* regalis) 49, 71
Königskerze (Verbascum spp.) 49, 103, 113

Laelien-Orchideen (*Laelia* spp.) 13
Lavendel (*Lavandula* spp.) 57
Lichtnelken (*Lychnis* spp.) 38, 57
Lorbeerbaum (*Laurus nobilis*) 93
Löwenmaul (*Anthirhinum majus*) 103
Ludisia discolor, Orchidee 15
Lupine 'Blue Jacket' (*Lupinus polyphyllus*) 53, 57, 103

Madeirastorchschnabel (*Geranium madeirense*) 95
Mädesüß (*Filipendula ulmaria*) 81
Madonnenlilie (*Lilium candidum*) 57
Magnolie (*Magnolia campbellii*) 69
Magnolie (*Magnolia*) 62, 86
Malven (*Malva* spp.) 57, 102, 113
Mammutblatts(*Gunnera tinctoria*) 47, 48, 81
Meerkohl (*Crambe cordifolia*) 81, 113
Mohn (*Papaver* spp.) 54, 103, 104

Nachtkerze (*Oenothera biennis*) 49
Nachtviolen (*Hesperis matronalis*) 52, 102, 104
Nadelkissen-Protea (*Leucospermum cordifolium*) 22, 95
Narzissen (*Narcissus tanacetus, Narcissus* spp.) 29, 52, 86, 103
Natal-Strelitzie (*Strelitzia nicolai*) 24
Natternwurz *Echium candicans* ' Stern von Madeira' 95
Nelken (*Dianthus* spp.) 103

Odontoglossum-Orchidee 15
Orangenstrauch (*Choisya ternata*) 69

Palisadenwolfsmilch (*Euphorbia characias* subsp. *wulfenii*) 112
Palmfarn (*Cycas*) 21
Pelargonien (*Pelargonium* spp.) 22 ff., 101
Pestwurz (*Petasites* spp.) 80
Pfefferbusch (*Clethra alnifolia*) 79
Pfingstrosen (*Paeonia* spp.) 57, 88ff.

Pflanzenregister

Phalaenopsis -Orchidee 14 ff.
Phlox (*Phlox*) 57
Phragmipedium besseae. - Orchidee 14
Porzellanblümchen (*Saxifragum* x *urbinum*) 95
Prachtscharte (*Liatris* spp.) 53
Primeln (*Primula* spp.) 3, 69, 87
Protea (*Leucospermum cordifolium*) 23 ff.
Protea, Zuckerbusch (*Protea cynaroides*) 23 ff.
Purpurblättrige Perückenstrauch (*Cotinus coggygria*) 52
Purpurdost (*Eupatorium purpureum*) 48

Raublattaster (*Aster novae-angliae*) 113
Rebe (*Vitis viniferia purpurea*) 52
Reitgras (*Calamagrostis* spp.) 49
Rhododendron 'Blue Peter' 60
Rhododendron (*Rhododendron* spp.) 60 ff.
Rhododendron maddenii 78
Rhododendron shilsonii 78
Rhododendron sinogrande 62, 77
Rhododendron griffithianum 78
Rhododoendron yakushimanum 65
Riemenblatt (*Clivia miniata*) 21, 92, 93, 95
Riesenalant (*Inula magnifica*) 49, 73
Riesenchinaschilf (*Miscanthus sinensis*) 49, 81
Riesenschleierkraut (*Crambe cordifolia*) 54, 57, 113
Rittersporn (*Delphinium* spp.) 54, 57
Rodgersien, Schaublatt (*Rodgersia* spp.) 71, 81
Rooibus- Teepflanze (*Aspalathus linearis*) 23
Rosa 'American Pillar' 41
Rosa 'Appleblossom' 41
Rosa 'Bobby James' 41
Rosa 'Brother Cadfael' 111
Rosa 'Charles de Mills' 111
Rosa 'Francis Lester' 41
Rosa 'Gertrude Jekyll' 110
Rosa 'Karthause von Parma' 111
Rosa 'Kew Rambler' 41
Rosa 'Kiftsgate' 41
Rosa 'Marie Lisa' 41
Rosa 'Mozart' 41
Rosa 'Nuits de Young' 54
Rosa 'Paul's Himalayan Musk' 41
Rosa 'Super Excelsa' 41
Rosa 'Tuscany' 54
Rosa 'Wedding Day' 41
Rosa 'William Lobb' 111
Rosa 'William Shakespeare' 111
Rosa 'Winchester Cathedral' 111
Rosa 'Zephirine Drouhin' 54
Rosa mulliganii 54, 56
Rosa 'Iceberg' 57
Rosa 'Cardinal de Richelieu' 54

Säckelblume (*Ceanothus* spp.) 112
Sasanqua- Kamelien (*Camellia sasanqua*) 86
Schaublatt, Rodgersien (*Rodgersia spp.*) 71, 81
Scheinbeere (*Gaultheria*) 79
Scheincalla (*Lysichiton americanus*) 46, 48, 81
Scheinmohn (*Meconopsis*) 53, 69, 70, 73
Scheinmohn (*Mecanopsis cambria*) 73
Scheinmohn (*Mecanopsis grandis)* 73
Scheinmohn (*Mecanopsis* x *sheldonii)* 73
Scheinmohn (*Meconopsis* 'Lingholm') 73
Scheinmohn (*Meconopsis)* betonicifolia 70, 73
Schleifenblume (*Iberis*) 57
Schmuckkörbchen, Cosmeen (*Cosmea*) 103, 104
Schöterich (*Erysimum* 'Ruby Gem') 52
Schwarzkümmel (*Nigella arvensis*) 57
Schwertlilie, japanische (*Iris kaempferi*) 81
Sequoia (*Sequoia sempervirens*) 47
Sicheltannen (*Cryptomeria japonica*) 78
Silberbaum (*Leucadendron* spp.) 23
Silberkerze (*Cimicifuga* spp.) 57
Silberwermut (*Artemisia arborescens*) 54
Skabiose (*Knautia macedonia*) 52
Skunk cabbage (*Lysichiton americanus*) 47
Sommerflieder (*Buddleja*) 49

Sonnenblumen (*Helianthus* spp.) 103, 104
Spanisches Gänseblümchens 38
(*Erigeron karvinskianus*) 81
Spierstaude (*Spiraea*) 57
Spinnenpflanzen (*Cleome*) 38
Spornblumen (*Kentranthus ruber*) 113
Sternwolkenaster (*Boltonia latisquama*
'Snowbank') 113
Stiefmütterchen (*Viola tricolor*) 103
Storchschnabel (*Geranium* spp.) 24, 95
Strelitzie (*Strelitzia* spp) 22 ff., 95
Studentenblume (*Tagetes* spp.) 41
Sumpfschwertlilie (*Iris sibirica*) 81

Taglilien (*Hemerocallis* spp.) 81
Taschentuchbaum (*Davidia involucrata*) 47, 86
Teebaum (*Leptospermium*) 79
Topinambur (*Helianthus tuberosus*) 49, 113
Tradescantien (*Tradescanthia* spp.) 81
Traubenhyazinthen (*Muscari racemosum*) 30, 32, 33
Trollblumen (*Trollius europaeus*) 81
Tulpe 'Blue Parrot' 52
Tulpen (*Tulipa* spp.) 28 ff.

Vanda "Miss Joaquim"- Orchidee 13
Vanda tricolor - Orchidee 13
Vanda-Orchidee (*Vanda*) 12 ff.
Vandeen - Orchideen 12 ff.
Vergissmeinnicht (*Myosotis* spp.) 33

Waldrebe (*Clematis montana*) 41
Waldrebe (*Clematis* spp.) 38, 41
Waldrebe (*Clematis tangutica*) 49
Waldrebe (*Clematis viticella*) 52
Waldrebe (*Clematis* 'Perle d'Azur') 52
Waldrebe (*Clematis* 'Victoria') 52
Waterblommetjies (*Aponogeton distachyos*) 23
Weiderich (*Lythrum salicaria*) 81
Wollgras (*Eriophorum* spp.) 81

Zierlauch (*Allium* spp.) 52, 57
Zierrhabarber (*Rheum palmatum*
'Atrosanguineum') 49
Ziertabak (*Nicotiana tabacum*) 57
Zinnien (*Zinnia* spp.) 103
Zistrosen (*Cistus* spp.) 38

Bildquellen

Umschlag: Keukenhof, Holland
Inhalt: Gerda Walton

IMPRESSUM

Sturzgasse 1A, A-1141 Wien,
E-Mail: buch@avbuch.at, Internet: www.avbuch.at

Die Deutsche Bibliothek – CIP-Einheitsaufnahme
Die Deutsche Bibliothek verzeichnet diese Publikation in der Deutschen Nationalbibliografie; detaillierte bibliografische Daten sind im Internet über http://dnb.ddb.de abrufbar.

Redaktion: Claudia Cech, Heiligenkreuz
Umschlag & Layout: Ravenstein + Partner, Verden
Satz: adpl-solutions Druckdenker GmbH, Wien
Bildreproduktion: Hantsch & Jesch PrePress Services OEG, Leopoldsdorf bei Wien

Druck und Bindung: Landesverlag Denkmayr, Linz
Printed in Austria

ISBN 978-3-7040-2254-7